AF204011

© 2014 Danijel Kundacina
Umschlag, Illustration: shotshop.com

Verlag: tredition GmbH, Hamburg

ISBN
Paperback   978-3-8495-9808-2
Hardcover   978-3-8495-9809-9
e-Book   978-3-8495-9810-5

Printed in Germany

Danijel Kundacina

Interview

mit

meinem höheren

SELBST

Vorwort

Meine ersten Gespräche mit der geistigen Welt führte ich bereits damals in einem Alter von zehn Jahren. Damals war ich absolut fasziniert von den Botschaften, die sich allerdings nicht immer nur auf das Positive bezogen. Bevor ich mich dazu entschied, dieses Büchlein zu schreiben, analysierte und beobachtete ich bestimmte Momente und Situationen in meinem Leben, die mir auf den ersten Blick als sinnlos erschienen. Solche Momente zeigten mir, wie sehr unsere Lern- bzw. Erinnerungsprozesse tiefgründig sind. Und diese Prozesse verlangen von uns, dass wir sie so wie sie sind und ohne jeglichen Kampf bedingungslos hinnehmen. Dies wäre ziemlich einfach, wenn uns die gesellschaftliche Programmierungen und Konditionierungen nicht im Wege stünden. Unser Verstand, dessen Einsatz immer mehr in dieser Gesellschaft zunimmt, bzw. Kontrolle übernimmt, sucht immer wieder nach einer Sicherheit und Bestätigung und damit sorgt für großen Unruhen und Sorgen, die uns dann systematisch krank machen. Der Leser wird in diesem Büchlein diversen aber auch ihm bekannten Situationen „begegnen", die ihn eventuell zu seiner inneren Wandlung bewegen werden.

Kapitel I

Und wieder Montag. Ein Tag wie jeder anderer, bedeutungslos und mit einer gewaltigen Portion „Leere" ausgefüllt. Was mache ich falsch? Wo habe ich mich verirrt? Midlifecrisis? Und dann noch all diese Fragen. Das Wetter spiegelte anscheinend noch eine wahre Projektion meines inneren Zustandes, denn draußen regnete es wie aus dem Eimer. Und wieder diese Machtlosigkeit. Meine Handlungsfähigkeit war auf dem tiefsten Punkt meines Seins. Jeden Tag die Fragen, nach den Fragen: Was soll das Ganze hier? Dann eine innere Stimme: „Hey, du bist stehen geblieben!" Wo soll ich denn hin, fragte ich? Am liebsten würde ich jetzt weiter in meinem Bett weiter „rumgammeln" und über nichts weiteren nachdenken. In diesem Moment, machte NICHTS einen Sinn!! Und dann plötzlich:

MHS(mein höheres Selbst): *„Das ist nicht Wahr!"*

ICH: ?? Wie bitte?!!

MHS: *„Alles macht einen Sinn, auch dieser Zustand, in dem du dich jetzt „befindest", macht einen SINN!" Hast du mich vergessen?"*

ICH: ??? Ich bin ein wenig verwirrt. Wer bist du denn?

MHS: *„Das ist doch nicht dein ernst, oder?"*

Plötzlich machte es BING!!! Das begriff ich einfach nicht. Eine ganze Weile lang versuchte ich bewusst einen Kontakt zu meinem höheren Selbst aufzunehmen aber meine Bemühungen blieben erfolglos und jetzt meldete sich mein „MHS" von alleine?!

ICH: Um ganz ehrlich zu sagen, mit dir habe ich überhaupt nicht mehr gerechnet.

MHS: *„Zeit wach zu werden oder?"*

ICH: Warst du im Urlaub?

MHS: *„SARKASMUS ist ein Vorbote der Verzweiflung"!!*

ICH: Allerdings, aber ich bin bereits verzweifelt.

MHS: *„Viele Fragen beschäftigen dich. Beziehungen, Begegnungen, Leben, Altwerden, Sterben...?"*

ICH: ? Ja, was ist eigentlich jetzt „hier" los?

MHS: *„Ihr seid und werdet durch die eigene Transformation verwirrt. Eure mangelhafte Erdung verstärkt eure Verwirrung. Die Angst um die materiellen Aspekte verblendet das wahre Wesen in Euch und dadurch vergisst Ihr, wer Ihr wirklich seid. Es ist die Zeit gekommen, in der Ihr alle es erkennen werdet, dass das Geld und Vermögen nur eine vorü-*

bergehende Facette eurer Existenz im Hier und Jetzt ist. Ihr lernt jetzt, dass NICHTS festgehalten werden kann, weder eurer Partner noch das eure Geld. Die Gemeinsamkeit der beiden Aspekte ist, KOMMEN und GEHEN. Euer Verstand verzeichnet das als Verlust, der dringend durch das NEUE ersetzt werden soll, eure SEELE sieht es als eine neue Stufe Ihrer Entwicklung und nimmt es als Geschenk an. Jeder von Euch versucht jetzt seine Ebene zu meistern. Und die neue Ebene verlangt große Veränderungen, die Euch allen große Ängste bereiten. Dadurch, dass Ihr „in die Angst" geht, und nicht in der Liebe seid, werdet Ihr wütend und aggressiv und das verstärkt wieder mal eure Verwirrtheit. Und in der Verwirrtheit, projiziert euer Verstand eine Trennung zum GÖTTLICHEN, die überhaupt nicht möglich ist. Aber für euren Verstand ist diese Trennung REAL. Wenn der Wechsel vollbracht ist, wird zu EUCH eine Ruhe kehren, die IHR SELBST kennt aber euer Verstand als unheimlich empfinden wird. Dann seid IHR angekommen. Hegt eure Gedanken, weil dies die Zeit ist, in der diese ihre wahre Kraft entfalten. Ein Gefühl der Zeitlosigkeit, das EUCH zwischendurch berührt, ist nur eine Erinnerung an Euch, dass die Zeit nicht wirklich existiert. Eure Konfrontationen mit euren eigenen Vorstellungen zeigen nur eure NICHTBEREITSCHAFT, sich mit den gegenwärtigen Schwingungen auseinanderzusetzen. Und das macht EUCH wieder wütend und aggressiv, weil IHR wieder „in die ANGST geht". Auf der Verstandsebene seht IHR es als „UNGERECHTIGKEIT" und auf der Seelenebene als eine Herausforderung. In dem Zustand werdet Ihr von eurem Verstand und EGO beherrscht. Unterstützt eure Brüder und Schwestern, die mit diesen Schwingungen nicht zurechtkommen und nehmt den Abstand von jeglicher URTEILSFORM, weil dadurch urteilt IHR nur über EUCH selbst."

ICH: Also im Moment scheint die Transformation das Thema zu sein? Worauf sollten wir noch achten?

MHS: *„EURE EINHEIT". Umarmt euch und bringt eures Wesen miteinander zum Verschmelzen, seid einfach EINS. Teilt eure Verwirrtheit miteinander, wie Ihr ein Stück Brot miteinander teilt. In dieser Zeit geht es um miteinander zu SEIN. Denn durch dieses „MITEINANDER", könnt und werdet Ihr die wahre BEDINGUNGSLOSE LIEBE erfahren, die nur in EURER EINHEIT möglich ist. Seid zueinander offen und reines Herzens und IHR werdet die wahre Macht des euren Wesen erfahren. Das, was EUCH miteinander verbindet, wird sich offenbaren. Entdeckt die Reinheit des euren Herzens und vereint euren Sorgen, eure Unzufriedenheit, eure Ängste, eure Mängel mit der BEDINGUNGSLOSER LIEBE. Dies ist der HEILORT eurer Verwirrung, euren Konfusionen.*

In dieser Transformation lernt IHR LOSZULASSEN. Es findet ein ABSCHIEDSPROZESS vom KONTROLLIEREN und FESTHALTEN statt. IHR lernt JETZT, dass die ENERGIE weder kontrolliert noch festgehalten werden kann. Die ENERGIE IST BEWEGUNG und IHR lernt JETZT JEDE ENERGIEFORM LOSZULASSEN, GELD, PARTNER, ARBEITSTELLE, VERMÖGEN. JA, das GELD IST ENERGIE, die erschaffen wurde, um EUCH zu zeigen, WER IHR WIRKLICH SEID. IHR SEID BEWEGUNG, TRANSFORMATION, FLUSS. IHR Ego erschuf KONTROLLE UND FESTHALTEN.

IHR wollt einander kontrollieren und festhalten.

IHR wollt das GELD kontrollieren und festhalten.

IHR wollt die NATUR kontrollieren und festhalten.

IHR wollt die TIERE kontrollieren und festhalten.

Habt IHR schon mal versucht STROM zu kontrollieren oder festzuhalten? Der STROM hat einen Fluss, er ist immer im FLUSS, alles fließt im Hier und Jetzt. Und, wenn die STROM-LEITUNG überlastet ist, (und Überlastung ist nichts anderes als EINE FORM DER KONTROLLE VON AUSSEN), dann kommt es zu einem euch bekannten Begriff:

KURZSCHLUSSEFEKT. Aber euer Verstand denkt, er kontrolliere den Strom, er kontrolliere das LEBEN..., es ist aber nur seine Illusion....

Das Leben, das IHR lebt ist eine ILLUSION, weil eure Vorstellungen aus euren Mängel bestehen. Und dadurch seid IHR wieder beim Kontrollieren und Festhalten, anstatt LOS-ZULASSEN...

KEINE ENERGIEFORM KANN KONTROLLIERT UND FESTGEHALTEN WERDEN!

SEID im FLUSS, bleibt im Fluss, lasset ENERGIE fließen, fließt „Miteinander", und IHR werdet eure ERLÖSUNG im Hier und Jetzt finden. Lasset los , IHR habt nichts zu verlieren, IHR könnt NICHTS verlieren, weil es NICHTS zum VERLIEREN gibt, außer EUREM Ego und EUREN Ängsten, die sich an EUCH wie eine Krankheit ausbreiten und EURES LICHTWESEN verdunkeln. Der VERLUST ist nichts anderes als eine von vielen EUREN ANGSTFACETTEN. Seid einfach IM HIER UND JETZT, fließt mit und genießt die Taten EURER SCHÖPFUNG, weil eine SCHÖPFUNG geschieht nur JETZT und nicht MORGEN oder GESTERN. Diese geschieht IMMER JETZT, ALLES GESCHIEHT NUR JETZT IN DIESEM MOMENT."

ICH: Wow, das was du gerade sagtest passt genau zur diese Zeit. Ich bin überwältigt. Was ist der Sinn unserer Begegnungen hier?

MHS: *Da DU ein Teil des Heiligen Geistes bist, ist jede deine Begegnung mit deinem Bruder oder deiner Schwester eine Heilige Begegnung. Jede Begegnung bringt für dich ein Geschenk mit, das für deinen Verstand verborgen ist und verborgen bleibt. Es ist eine SCHAU in einem SPIEGEL, in dem DU deine Schwächen und Verletzungen erkennen kannst. Die manchen Begegnungen werden von deinem Verstand bzw. Ego als Konflikt, Angriff oder "Opfersein-Zustand" realisiert. Daher gehe in dieses Gefühl des Konflikts hinein, spüre das Gefühl, das in dir hochkommt, spüre was dieses Gefühl in dir auslöst. Es ist etwas, was dich in deiner Entwicklung verlangsamt, etwas, was heilungsbedürftig ist. Das ist der Sinn von "Liebe deinen nächsten".*

Nur, wenn du dich SELBST noch nicht erkannt hast und denkst immer noch, dass du ein Körper bist, dann wirst du auch nicht in der Lage sein in deinen Spiegel zu schauen, weil du nur einen Körper erkennen wirst und nicht dein wahres Wesen. Dadurch wirst du dich immer als Opfer sehen und fühlen und dein Geist wird dies nach außen ausstrahlen. Die Zustände wie Einsamkeit, Trauer, Eifersucht, Opfer zu sein, werden dich immer begleiten, aber diese sind nur Produkte deines Verstandes, der sich gegen seiner Abschaltung zu Wehr setzt. Sein Tod bedeutet für dich Freiheit und Frieden und sein Leben leiden und Trennung vom Göttlichen. Der Verstand und das Ego sind Schöpfer des Urteils über jedem von deinen Brüdern und Schwestern. Die beiden sind die Erzeuger von deinen Illusionen und der irrealen Zufriedenheit, die oberflächlich und selbsttäuschend ist. Daher schaue dir jede Situation, bzw. jede Begegnung genau an,

*bevor du dich auf die beiden Ebenen(Verstand, Ego) begibst,
weil dort deine Entwicklung zur Stagnation verurteilt ist."*

ICH: Das klingt sehr einleuchtend. Es ist immer nur eine
Frage der Umsetzung. Warum werden wir alt, bzw. aus welchem Grund altert unser Körper?

MHS: *„Also warum altert ihr Körper? Nun, hier spielen vie-
le Faktoren eine Rolle, aber einer der wichtigsten wären Ihre
Glaubensätze, die durch eure Eltern, eure Gesellschaft, euch
eingeprägt wurden. Ihr seid einfach darauf programmiert.
Das ist genau so wie, wenn ihr eure Kaffeemaschine zum
Einschalten oder Ausschalten programmiert. Der Glaubensätze, „Mann wird ja älter, es ist nicht so wie früher, oder „Du
wirst ja sehen, wenn du richtig alt bist....", führen im euren
Unterbewusstsein ein Programm aus, der Euren Wunsch zur
Erfüllung bringt. Und nun, wie viele von euch vertreten die
Meinung, dass ab einem gewissen Alter nicht mehr viel Zeit
geblieben ist? Dazu kommt auch noch die Zufuhr der verschiedenen Gifte, wie Alkohol, Nikotin, Rauschmittel. Dies
führt wirklich zum richtigen Zerfall euren physischen Körpers.*

*Der Begriff „ZEIT" ist eine der schwierigsten Programmie-
rungen, die Ihr auf Euch genommen habt. Wenn Ihr richtig
schaut, werdet Ihr feststellen, dass sich alles um diesen Begriff auf Eurem Planeten dreht. „The Time is Money"!! Diese
Programmierung war auch eine der erfolgreichsten. Ihr
arbeitet nach der Zeit, ernährt euch nach der Zeit, ruht euch
aus, und sterbt nach der Zeit, weil ihr denkt, dass in „hohem
Alter" die Zeit gekommen ist, abzutreten. So nennt Ihr es hier
bei euch. Nun ich nenne das SKLAVEREI!! Die Zeit ist nichts
anders als eine Art der SKLAVEREI und absoluten Kontrolle.
Und es ist richtig, dass manche von euch es schon erkannt*

haben, dass Ihr in einem großen Gefängnis lebt. Ihr braucht eine Umprogrammierung eures Unterbewusstseins, um diesem großen Irrtum endlich zu entkommen. Das ist der einzige Weg zur euren Befreiung aus dieser Sklaverei. Und kurz zurück zum anderen Aspekt eures Alterns. Künstlich erzeugten Schwingungen, sorgen für einen „raschen" Energiefall des physischen Körpers. Wenn die Energie dem Körper „entzogen" wird, sterben die bestimmten Körperzellen ab, natürlich in einem bestimmten Tempo. Aber bei manchen wird dieser Prozess auch beschleunigt, Progerie ist bestimmt ein Begriff für dich oder?"

ICH: Ja, von dieser „Krankheit" habe ich bereits gehört. Aber mit diesen Schwingungen???

MHS:„*Ich würde es so ausdrücken, Ihr lebt auf einem künstlich erschaffenen virtuellen Planeten. Damit meine ich, dass auf diesem Planeten noch ein virtuell erschaffener Planet existiert in einer Schwingungsform, die nicht sichtbar ist. Du kannst dir das als einen riesen Schirm vorstellen, der über den euren ganzen Planeten von innen ausgespannt wird.*"

ICH: Und wer soll das tun? Oder du meinst, die Außerirdische, bzw. wie nennt man die, Anunnaki? Ich habe bereits über diesen Wesen etwas gelesen, und tatsächlich findet man in Afrika gute Beweise für deren Existenz.

MHS: „*Genau, die meine ich. Die beherrschen Euren Planeten seit vielen Jahren. Ihr habt in eurem heiligen Buch, „BIBEL", eine metaphorische Beschreibung der Entstehung die-*

ser Herrschaft. Adam und Eva haben sich für anderen Gott entschieden(Schlange). Danach ging es mit dem Alterungsprozess los und nur wegen eines „Apfels"? Ja so konnte man das sehen. Der „Apfel" ist und war die Ursache des ganzen Übels hier."

ICH: Du willst mir sagen, dass der Apfel auch eine metaphorische Bedeutung hat?

MHS: *„So ist es. Ihr habt damals einer Veränderung euren genetischen Codes zugestimmt. Und diese Veränderung des genetischen Codes führte auch zur euren Trennung zwischen euch selbst und frühzeitigem Altern. Das Materielle trennte euch von eure Seele, und dadurch verlort Ihr den Faden zum euren höheren Selbst. Ihr wurdet zum Sklaven gekrönt, ohne es gemerkt zu haben. Der freie Wille galt nicht mehr."*

ICH: Also, ich hatte eigentlich nur zwei Fragen, aber jetzt entsteht in mir eine richtige Stau an Fragen, die ich gerne stellen würde. Das Gespräch mit dir erinnert mich aber stark an einen bekannten spirituellen Werk, bitte jetzt nicht als Sarkasmus verstehen. Die Frage, die ich mir jetzt gerade stelle, ist ob ich noch schlafe und träume oder findet dieses Gespräch wirklich statt?

MHS: *„Was meinst du? Fühle und spüre. Hat sich etwas in deinem Raum verändert? Fühlst du dich leicht und unbeschwert? Schaue durch das Fenster, richte deine ganze Aufmerksamkeit auf das „JETZT". Verweile einen Moment im JETZT.......(Pause) Und?"*

13

ICH: Die Stille des Raumes brachte mich in einen Schwebezustand, aus dem ich nicht mehr zurückwollte. Alles schwebte um mich herum, ja die „ZEIT" blieb für diesen Moment stehen...Ich schaute mich im Spiegel an und sah ein Lichtstrahl um mich herum. Alle meine Ängste verschwanden in dem Moment und ich wollte nicht mehr zurück.

MHS: *„Wie fühlt sich dein Traum an?"*

ICH: In dem Moment wusste ich, dass es kein Traum war. Es war ein kurzer Wechsel der Ebenen. Ich hätte noch ein paar weitere Fragen. Ist das in Ordnung, wenn ich dir diese stelle oder bist du der Meinung, dass dieses Gespräch jetzt sein Ende finden soll?

MHS: *„Möchtest du das Gespräch beenden?"*

Kapitel II

ICH: Nein, natürlich nicht ...Ich habe noch ein Haufen Fragen....So ich muss jetzt nachdenken, weil viele Fragen schon in anderen spirituellen Büchern beantwortet wurden. Viele von uns haben gewisse Erwartungen im Leben. Was kannst du mir dazu sagen?

MHS: *„Erwartungen sind Vorstellungen deines Egos und haben nichts mit dem „wie es und was es sein" soll zu tun. Sehr oft hörst du von Menschen:"Ach es kommt sowieso anders als du gedacht hast". Und genau ist es so, weil in diesem Moment, in Vordergrund dein Ego kommt und dein wahres Sein bzw. deine Seele an die Seite geschoben wird. Du erwartest etwas, was mit dem SOLLZUSTAND nichts zu tun hat. Das Ego wird nicht befriedigt und es entsteht eine Enttäuschung bzw. Konflikt mit dir selbst und auch sehr oft mit der dritten Person. Du suchst einen Schuldigen, und du drückst dich von der Verantwortung weg, statt die Verantwortung selbst zu übernehmen, für den Zustand, den du selber verursacht hast."*

ICH: Also, nichts erwarten?

MHS: *„Es gibt nichts zu erwarten. Schaue dir diesen Werb genau an! Er-Warten! Worauf willst du warten? Dass dein Ego befriedigt wird? Die Vorstellung deines Egos entspricht dem Chaos, aus dem du nicht mehr rauskommst. Es ist wie eine Seuche, die sich ausbreitet und nicht mehr zu bändigen ist. Jede Situation wird an die vorherige angeschlossen und* dadurch entsteht eine Reihe von inneren Konflikten, die als Ergebnis eine Krankheit projizieren. Du sollst jede deiner Lebenssituationen innerlich beobachten, dann bist du auf der sicheren Seite, weil dann das Ego auf die Seite geschoben wird und deine Seele im Vordergrund steht. Die weiß genau, was zu tun ist."

ICH: Gut, das klingt sehr plausibel. Nun, ich weiß, dass in anderen spirituellen Büchern auch sehr viel über Geld erzählt wurde. Ich bin der Meinung, dass dieses Thema noch nicht abgeschlossen ist. Kannst du mir etwas dazu sagen? Aus welchem Grund „laufen die Menschen hinter dem Geld her?" Und warum hat so ein Blatt Papier große Macht in unserer Gesellschaft?

MHS: *„Geld ist in euer Gesellschaft ein Zeichen des Wohlstands, der Macht, Anerkennung, Sicherheit und Selbstwert. Was steckt hinter diesen allen Begriffen? Also, wann hast du einen Wohlstand?"*

ICH: Naja, wenn ich ein Auto, Haus, teure Kleidung habe und in Urlaub fahren kann, wo ich es mir vorstelle..

MHS: *„Wo findet ein Wohlstand statt?"*

ICH: ?? Wie meinst du das?

MHS: *„Es findet in dir statt und nicht irgendwo außen, wie viele von Euch denken. Macht ist nichts anders als Zeichen* *der negativen Aufmerksamkeit und ihr Hauptvertreter ist das EGO. Dazu kommen noch die Mängel, die als Folge des unverarbeiteten Traumas entstanden sind. Diese sollen durch die diverse Machtmissbräuche gemildert werden. Und das ist es eben, diese können nur gemildert werden. Das Verlangen nach der inneren Befriedigung wird solange vorhanden sein, bis die Ursache des Mangels erkannt und verarbeitet wird.*

Anerkennung ist ein Mangel an eurem Selbstwertgefühl. Über das Geld versucht Ihr diesen Mangel zu beheben, und das gelingt euch nur äußerlich, innerlich aber bleibt dieser Mangel weiter bestehen. Und zum letzten Begriff, Sicherheit. Sicherheit ist auch ein Programm, eine Konditionierung. Zu Zeit wird dieser Begriff sehr missbraucht, besonders von euren militärischen Weltmächten. Die „Anwendung der Sicherheit findet auch sehr oft bei Euch Zuhause statt. Die Frauen lernen bereits im Mädchenalter dieser Art de Konditionierung kennen. Die Folge davon, sind gescheiterte Ehen, verlassene und unschuldige Kinder, die noch die Trennung von Eltern als eigene Verschuldung auf sich übernehmen. Wer in der „Sicherheit" lebt, kennt die wahre Liebe nicht und kann niemals glücklich werden. Mit einem Satz: Sicherheit existiert nicht! Es ist nur eine Programmierung. Zuerst kommt die Liebe, danach „liebe deinen nächsten" und dann irgendwann kommt das Geld.". Während Ihr versucht eure Mängel zu stillen, erschafft Ihr neue Mängel. Schaut euch eure Kinder an. Und so entsteht eine Kettenreaktion. So entsteht Trennung zwischen Euch selbst und vom GOTT."

ICH: Vielleicht sollte GOTT ein UPDATE oder sogar Reset des Systems durchführen?

MHS: *„GOTT liebt seine Kinder. Das Reseten würde Zerstörung eurer Existenz bedeuten."* Ein UPDATE findet bereits statt.

ICH: Wie macht sich dieser UPDATE bemerkbar? Können wir es fühlen?

MHS: *„Aber sicher, jeder auf seine Art nimmt es wahr. Du bist gereizt."*

ICH: WER? Ich? Ja, das stimmt. Aber ich dachte, der Reiz wäre bedingt durch momentane Lebenssituation. Ich will eine Veränderung, aber irgendwie gelingt es mir nicht diese herbeizuschaffen. Das verursacht auch einen Reiz. Wie können wir eine Lebenssituation verändern?

MHS: *„Ein ruhiger Geist, Selbstvertrauern wären die ersten Maßnahmen, die Ihr Euch aneignen solltet. Eine Veränderung manifestiert sich nicht augenblicklich. Diese entsteht zuerst auf deiner geistigen Ebene und wenn diese auf diese Ebene vollbracht ist, dann manifestiert sie sich auf der physischen Ebene, auf der Ebene, die eben für Euch sichtbar ist. Etwas, was nicht vollständig ist, wird sich auch nicht manifestieren können."*

ICH: Moment, Moment.....Ich will eine neue Arbeitsstelle und du meinst jetzt mein ruhiger Geist und mein Selbstvertrauern sollten reichen, dass für mich eine neue Arbeitsstelle „erscheint"??

MHS: *„Natürlich nicht, nur ein ruhiger Geist und Selbstvertrauern sind die erste Stufe deiner Schöpfung. Ohne diese beiden Elemente, obgleich wie dein Wunsch stark sein sollte, wird die Schöpfung nicht funktionieren. Mangelnde Geduld führt zu einem unruhigen Geist, und ein ruheloser Geist ist nicht in der Lage eine Schöpfung vollzubringen. Wenn du dein Unterbewusstsein nicht überzeugst, dann wird es auch nichts schöpfen können. Dein Unterbewusstsein kann ein sehr guter Freund sein, aber lass es bloß nicht zum Feind werden. Damit meine ich, du sollst dich ganz bewusst für eine Veränderung entscheiden und dein Vorhaben deinem Unterbewusstsein ganz genau mitteilen. Der Moment indem du nicht berufstätig bist, soll die Funktion einer „Bremse" erfüllen. Ja du hast mich richtig verstanden, EINER BREMSE. Das „STEHENBLEIBEN" ist nur für deinen Verstand als „Stehenbleiben" zu betrachten und zu verstehen. Deine Seele nutzt diese „Pause" aus, um den anderen Aktivitäten auf den anderen Ebenen nachzugehen. Und wer will wirklich diese „Arbeitsstelle":Du, Dein Verstand, Ego oder deine Seele? Und LOSLASSEN!!!! Du sollst deine krampfartige Suche nach einer Stelle LOSLASSEN, denn aus einem Krampf kann nur ein Kampf entstehen. Und ein Kampf ist immer mit einem Zwang verbunden, der sich wiederum nach einer Kontrolle der Lage sehnt."*

ICH: LOSLASSEN? So einfach ist das?!

MHS: *„JA, aber kommen wir wieder zu deinen Erwartungen. Jedes Mal, wenn du was affirmierst, arbeitet bei dir im Hintergrund dein Verstand. Er will Ergebnisse und zwar sofort, nicht heute oder morgen, sondern JETZT!!!! Dein Verstand braucht Sicherheit, er geht immer auf eine Nummer sicher, sonst muss er „riskieren" und das bringt ihn ins Schwitzen. Das bringt dich dann zum Schwitzen und zum*

Zweifeln und am Ende zum Verzweifeln. Desweiteren ist dein Wunsch, um diese Veränderung herbeizurufen so stark, dass du nur noch an seine Erfüllung denkst und damit wieder in dem Zustand der Erwartungen landest."

ICH: Also ein Teufelskreis?

MHS: *„Das Wort, bzw. den Begriff habt Ihr selber erfunden. Ihr wollt aus eurer Schemata nicht heraus. Es ist ja viel bequemer irgendeinen Teufel zur Verantwortung zu ziehen als selbst Verantwortung zu übernehmen."*

ICH: Was meinst du damit? Dass wir den Kreis absichtlich erschaffen?

MHS: *„So ist es. Wie bereits gesagt, es ist einfacher und bequemer für Euch."*

ICH: Ich schreibe jetzt meine neunzehnte Seite. Was wird aus diesem Dialog?

MHS: *„Ein kleines Büchlein."*

Kapitel III

ICH: Du weißt es, es gibt ein ähnliches Werk, auch ein Dialog, es hat mich fasziniert. Ich habe Angst, dass die Menschen das Büchlein als Nachschreiberei definieren könnten.

MHS: *„Dein Buch wird anders. Es wird übersichtlicher und viel einfacher anzuwenden. Dein Buch wird für jeden Menschen verständlich sein. Nun zu deiner Angst. Über diesem Begriff wurden sehr viele Bücher mit guten Tipps geschrieben. Die Angst ist aber immer noch als eine der stärksten Energieformen auf eurem Planeten anwesend. ANGST IST EIN ZUSTAND DER TRENNUNG VON DER QUELLE DER SCHÖPFUNG! Viele Bücher zeigen nur die Möglichkeiten aber die Umsetzung ist meistens für euch kompliziert. Diese Angst, die hier bei Euch herrscht basiert auf eine Grundform der Angst. Diese Angst ist die Angst aller Ängste und diese entspricht einer der besten Programmierungen auf diesem Planeten. Über diese Programmierung wurde fast eine vollständige Kontrolle dieses Planeten ermöglicht! Alle Angstarten leiten sich von dieser Basis ab.“*

ICH: Und was oder wer ist die Basis?

MHS: *„Eure Angst vor dem Tod!!!“ Die Todesangst ist die Ursache des ganzen Übels auf eurem Planeten. Aus dieser Form haben sich alle andere Formen entwickelt, wie: Existenzangst, Verlustangst, Angst zu versagen, Platzangst, Beziehungsangst, Prüfungsangst, etc. Jemand der vor dem Tod* *überhaupt keine Angst hat, ist absolut Angstfrei. Wenn du Angstfrei bist, dann bist du ganz in der Liebe."*

ICH: Wow, das klingt ja einfach. Du hast jetzt ein sehr wichtiges Thema angeschnitten, Tod. Kannst mir etwas dazu sagen, aber etwas, was ich bzw. die Welt noch nicht gehört hatte.

MHS: *„Ihr geht Stufenweise „nach Hause". Damit meine ich folgendes: Energielevel des euren Körpers reduziert sich auf ein Minimum, das dem Körper trotzdem seiner Funktionalität ermöglicht. Und dies passiert so ca. 6 Monate vor dem ganzen Verlassen des Körpers. In den letzten Jahren des Lebens, verlässt immer wieder ein Teil der Energie den Körper und wie gesagt am Ende bleibt nur noch ein Energiestrahl, der die Körperfunktionalität ermöglicht. Der Rest der Energie ist bereits „Zuhause" und bereitet sich auf die Ankunft der letzten Energie-Aspekten, also Restenergie, die noch im Körper verweilt."*

ICH: Moment, das bedeutet, wir sind „hier" aber auch „drüben", oder wie soll ich das verstehen?

MHS: *„So könnte sich dein Verstand diesen Transformationsprozess erklären. Deine Seele kennt diesen Prozess sehr gut. Jetzt setze ich noch ein drauf.*

ICH: na bitte...

MHS: *„Ihr seid nie „hier"!!!"*

ICH: Wie meinst du das? Wo sind wir dann?

MHS: *„Zuhause. Ihr denkt, ihr wäret hier auf der Erde, seid Ihr aber nicht." Das ist eine reine Illusion."*

ICH: Hey, warte mal, was erzählst du denn jetzt??????? Wie Zuhause? Wer bewegt aber diese Körper hier? Wo kommt die Energie her?

MHS: *„Das tut Ihr natürlich, aber alles von „Zuhause". So, lass uns mal Schach spielen.*

ICH: Wie bitte? Soll ich Brett holen?

MHS: *„Natürlich nicht. Aber an diesem Beispiel, kann ich deinem Verstand diesen „hier und drüben" bzw. nur Zuhause erklären. Wer bewegt die Schachfiguren? Deine Hand, ok? So jetzt betrachte diese Schachfiguren als dich Selbst und schaue genau hin, wer diese Figuren bzw. dich zu Bewegung fordert. Eine Energie, die dein Verstand aber nicht sehen kann. Also du(Seele) bewegst dich, bzw. steuerst deinen Kör-per von „Zuhause" und nach dem Bedarf steuerst du auch den ENERGIELEVEL deines Körpers. Wenn du schlafen gehst, bist du fast vollständig Zuhause, ein Minimum der Energie sendest du nur, um die Funktionalitäten des Körpers aufrecht zu erhalten. Daher sehen die Menschen beim Ster-ben ein Lichttunnel und das ist nichts anderes als die Lei-tung, durch die du deinen Körper mit Energie versorgst oder beim Sterben ganz zurückziehst bzw. Restenergie zurück-ziehst. Also du bist nie hier!!! Hast du es begriffen??*

ICH: „Ja, aber das ist unglaublich. Ich glaube ich brauche jetzt eine Pause. Können wir das gleich in paar Minuten fortsetzen?

MHS: *„Nimmt dir ruhig genug Zeit, ich melde mich, wenn ich sehe, dass du wieder in deinem Kopf frei ist. Bis bald."*

Recht hatte er, mein Kopf war alles nur nicht wirklich frei. Die alten eingenisteten Glaubenssätze hingen jetzt nur noch an einem dünnen Faden, der kurz vorm Abreißen war. Einerseits waren diese alle Aussagen wie ein Science Fiction Film für mich, anderseits spürte ich in meinem Herzen eine Stimmigkeit, die meinen ganzen Körper überschwamm.

MHS: *„Welche Fragen beschäftigen dich noch?*

ICH: Ich würde gerne auf das Thema Seelenplan oder diese „TO DO – LISTE" eingehen. Wie können die Menschen zwischen Seelenplan und einem EGO bzw. Plan des Verstandes, unterscheiden?

MHS: *„Ein Seelenplan ist mit einer Leichtigkeit versehen. Das bedeutet, dass dein Vorhaben auch mit einer Leichtigkeit auf der Erde realisiert wird. Du brauchst nicht „um irgendwelche Ziele zu kämpfen", es geschieht einfach im richtigen Moment von alleine. Alles was sich zu einem Kampf entwickelt, endet immer mit Verletzten und Opfern. Oder bist du der anderen Meinung? Ihr habt auf eurem Planeten um alles gekämpft(und kämpft immer noch), egal ob es sich dabei um* *ein Territorium, ein Land, eine Frau, Mineralstoffe, Geld, oder Macht handelt. Und es endete immer mit Verletzen, Opfern und Traumatisierten. Das Gleiche geschieht, wenn du versuchst „an deinem Seelenplan vorbei zu gehen. Der EGOPLAN ist immer mit einem Kampf verbunden. Beim Seelenplan, öffnen sich die Türe von alleine, dagegen beim EGOPLAN, brauchst du einen großen Vorschlaghammer, um die Türe durch zu schlagen. Alles, was einen zerstörerischen Charakter hat, hat mit Schöpfung nichts zu tun, eher mit Erzwingung."*

ICH: Hmm, interessant und nachvollziehbar. Was geschieht, wenn die Seele von diesem Plan wegkommt?

MHS: *„Dann kann es passieren, dass die Seele die Inkarnation „abbricht" und nach Hause zurückkehrt. Der Sinn des vorgenommenen „SEINS" ist nicht erfüllt, die Seele zieht alle Konsequenzen und bereitet sich auf den Weg nach Hause vor."*

ICH: Das würde bedeuten, dass diese „TO DO – LISTE" für eine bestimmte Inkarnation der Seele, von einer sehr großen Bedeutung für eine Seele ist oder?

MHS: *„Korrekt. Es ist wie ein Vertrag, den die Seele mit sich selbst bevor sie inkarniert, abschließt. Unterschätzt niemals die Intelligenz und Weisheit einer Seele.*

Was euer Verstand als Intellekt bezeichnet, empfindet eine Seele als Last. Alles was der Verstand produziert, hindert eine Seele in ihrem Prozess der Schöpfung und Verwirkli-chung."

ICH: Unser Verstand hat nicht so einen guten Ruf. Manche Spirituellen Lehrer sind sogar der Meinung, dass wir und ganz von unserem Verstand verabschieden sollten. Ich frage mich ja nur, wie wir dann überhaupt noch hier funktionieren würden?

MHS: *„Die meisten von Euch bestehen ja nur noch aus dem Verstand und haben sich von Ihrer Seele verabschiedet. Dein Verstand sagt dir, dass du aus dem Bauch einer Frau/deine Mutter herausgekommen ist und dass du hier ein Körper bist. Er ist immer verunsichert, süchtig nach einer Bestäti-gung und ist verängstigt, weil er denkt, dass er jeden Mo-ment abgeschaltet werden könnte. Hast du dich mal gefragt, wie „ER" geboren wurde?"*

ICH: Eine Programmierung?

MHS: *„Hervorragend!!! Was sagen die meisten Eltern ihren Kindern? Denk nach, benutze deinen Verstand!!! Oder, Mein Gott bist du dämlich!!!! Was bleibt einem Kind in so einer Situation noch übrig als die Konditionierung anzunehmen? Und die Kinder lieben Ihre Eltern, oder? Es ist eine perfekt gesteuerte konditionierte Programmierung."*

ICH: Wie können wir diese Programmierung löschen bzw. vermeiden?

MHS: *„Sei in der Liebe, und sei die Liebe. Wenn du wahrhaftig liebst, wirst du für deine Kinder die Geduld aller Welt hervorbringen. Aus deinem Mund, wird nur noch Liebe fließen, egal, was deine Kinder gemacht oder nicht begriffen haben. Welche Programmierung auf der Erde erreicht die absolute Perfektion aller Perfektionen?"*

ICH: Wir sprachen von der „ZEIT", jetzt gerade vom „VERSTAND". ZEIT?

MHS: *„ Es ist eine Kombination aus: ZEIT, VERSTAND UND EGO!!!! Deren Gemeinsamkeit ist, dass sie gar nicht existieren, aber ständig ANWESEND sind. Es fehlt aber noch eine!"*

ICH: Und, die wäre?

MHS: *„GELD"!!! Oder genauer gesagt, das „missbrauchte GELD"(Zinses Zins)*

Auf diesen vier Säulen wurde Ihre Welt programmiert bzw. gebaut. Nun, da diese vier Säulen nicht existieren, ergibt sich daraus nur eine Konsequenz.

ICH: Unsere WELT existiert nicht, bzw. diese ist nicht REAL, wie wir es immer gedacht haben, das wolltest du sagen?

MHS: *„Richtig!!! Es ist eine große ILLUSION erschaffen durch eure Programmierung "*

ICH: Wann wird die Existenz „dieser irreale Welt" zu Ende gehen?

MHS: *„Wenn Ihr kollektives Bewusstsein aufwacht und seht, dass diese nicht echt ist. Vielen von Euch fehlt der Mut, sich mal die eigenen Lebenssituationen anzuschauen. Daher sind auch viele in sich verschlossen und diese Angst zwingt sie weiter zu schlafen."*

ICH: Also jetzt sind wir wieder bei der ANGST. Wir haben, ANGST, EGO, VERSTAND, ZEIT, GELD und wenn ich so mal richtig nachdenke auch SEX? Oder?

MHS: *„Richtig, dazu kommt noch die Einprägung der bestimmten Glaubensätze. Wenn du mal jetzt so richtig schaust, wirst du feststellen, dass sich viele von Euch über all diese Begriffe identifizieren. Jetzt begreifst du wahrscheinlich, warum Ihr euch als Körper und nicht als Energiewesen betrachtet."*

ICH: Gib mir bitte ein paar Beispiele für die herrschende Glaubensätze auf der Erde.

MHS: *„ Diese sind überall integriert, in eurer Ernährung, Arbeitseinstellung, Bildung, Beziehung, Sex. Ihr glaubt, dass der Fleischverzehr euch Kraft gibt, um einen anstrengenden Tag zu überstehen. Die Wahrheit ist, dass das Fleisch euren Körper schwächt. Aber der Glaubenssatz: „Esse viel Fleisch, dann wirst du groß und stark sein", ist so stark bei euch eingeprägt, dass diese Glaube nicht mehr zu kippen ist. Euer Körper ist nicht in der Lage das Fleisch zu verdauen. Als*

Folge sammeln sich die Fleischreste auf den Darmwänden und verengen diese. Das Fleisch verfault buchstäblich in eurem Darm!!!!! Das gleiche passiert mit dem Konsum von der Kuhmilch. „Trink viel Milch mein Kind, dann wirst du groß und stark, und deine Knochen bekommen genug Calcium." Was macht Ihr als Kinder? Ihr vertraut euren Eltern und dieser Glaubenssatz wird tief im Inneren verankert. Mit anderen Glaubenssätzen ist es nicht viel anders. „Gehe studieren, dann wird aus dir eine richtige Persönlichkeit" und...und....Was für ein Schaden bei den Kindern dabei angerichtet wird, ist vielen Eltern nicht bewusst. Zerstörung des Selbstwertgefühls ist nur Anfang von Schwierigkeiten, die auf so ein programmiertes Kind bzw. Jugendlichen, kommen. Wie sollte so eine Persönlichkeit fähig sein eine Beziehung einzugehen und diese aufrechtzuerhalten? Wir könnten jetzt viele Beispiele hier erörtern aber ich denke du hast begriffen, was ich dir mitteilen wollte?"

ICH: Wow, das sind ganz harte Sätze. Ja, wenn ich an meine Kindheit denke, erkenne ich diese Programmierungen sehr gut. Aber wir haben als Kinder keine Wahl, um dieser Programmeirung aus dem Wege zu gehen. Wie du es bereits erwähnt hast, wir lieben unsere Eltern und tun vieles aus Liebe zu ihnen. Nun, jetzt lassen sich die Auswirkungen dieser Programmierungen von Generationen zu Generationen sehr gut erkennen. Ich schätze, dass die neuen Generationen, deren Bewusstsein eine höhere Stufe der Wachsamkeit erreicht hat, diese Programmierungen nicht mehr anwenden werden. Ich würde gerne auf ein anderes Thema umsteigen, das hier bei uns sehr populär ist.

MHS: *„Du meintest SEX?!*

ICH: Ja, richtig. Warum ist die Menschheit total nach Sex verrückt, als ob Sex eine Art von Rauschmittel wäre? Warum entsteht auch so ein unglaublich schönes Gefühl, „wenn wir dabei sind"?

MHS: *„Weil das der einzige Moment ist, in dem Ihr euch wahrhaftig liebt. Sex kann ohne Liebe nicht stattfinden, was viele von euch denken. Euer Verstand kann Liebe vom Sex trennen, eure Seele nicht. Daher gehen viele auch von Euch fremd. Dazu kommt noch, dass Ihr Sex als eine Art de Leistung betrachtet. Hier kannst du sehr gut sehen, wie die Programmierungen vom EGO und VERSTAND dicht aneinander liegen. Während „Ihr dabei seid", findet ein wunderschöner Austausch der Energie statt. Es kommt zu einer Verschmelzung euern Körper, euer Seelen. In dem Moment seid Ihr das, was Ihr schon immer von dem Ursprung wart, eine EINHEIT. Durch Sex kommt Ihr aus eurer „Trennung" wieder in die Einheit, Ihr erinnert euch, wer und was Ihr seid.*

Daher ist der Sex wie eine Droge für euch. Ihr werdet in einen Zustand versetzt, der vergleichbar mit dem Drogenrausch ist."

ICH: Also, der Sex ist auch vom Verstand und Ego verdunkelt?

MHS: *„Richtig, genau wie eure Beziehungen miteinander."*

ICH: Schön, dass du das Thema „Beziehung" ansprichst. Über unseren Beziehungen wurden viele Bücher geschrieben. Kannst du mir etwas Neues zu diesem Thema sagen?

Kapitel IV

MHS: *Wenn du dich nach einem Beziehungspartner um-*
schaust, dann kannst du davon ausgehen, dass du genau
Demjenigen begegnen wirst, der dir zeigen wird, was in dir
geheilt werden soll. Dein Verstand und dein Ego werden mit
Sicherheit vieles als Untreue oder Ungerechtigkeit realisie-
ren und interpretieren und es als Eifersucht oder "Opfersein"
in deine verblendete Wahrnehmung projizieren. Aber deine
Seele wird sich aus der tiefen Dankbarkeit vor diesem Ge-
schenk vorbeugen und in Liebe annehmen. In einer Bezie-
hung erfährst du, wer du wirklich bist. Daher danke jeden
Tag deinem Beziehungspartner für sein "SEIN" in deinem
Leben. Denn alleine wirst du dich nicht erfahren können.
Durch das "MITEINANDERSEIN" kannst du auf eine sanf-
tere Weise erfahren, wer du wirklich bist und was in dir ge-
heilt werden soll. Denn das , was dich bei deinem Partner
"stört und nervt" wartet in dir schon längst auf seine Hei-
lung. Das "MITEINANDERSEIN" ist deine Heilung, dein Er-
kenntnis. Der "Gegeneinander-Sein-Zustand" ist der EGO-
ZUSTAND. Dieser Zustand verurteilt und fragt nicht nach
der Ursache des Verhaltens. Nur, wenn du den Zustand der
wahren bedingungslosen Liebe noch nicht erfahren hast,
dann wirst du auch deine Liebe nicht weiter jemanden
schenken können, und du wirst weiter in dem
GEGENEINANDERZUSTAND bleiben und dich nach dem
MITEINANDERZUSTAND sehnen. In dem
"MITEINANDERSEINZUSTAND" bringt Ihr EUCH gegen-
seitig die Heilung und in dem Moment, in dem Ihr EUCH
erkannt habt, entsteht der Zustand der absoluten Liebe und
der EINHEIT. Und das ist der Sinn einer Beziehung, ER-
KENNEN, HEILEN, EINSSEIN.

MHS: *„Und Ihr könnt noch Millionen von Büchern über das Thema schreiben, aber wenn Ihr es in die Praxis nicht umsetzt, wird es euch auch nichts nutzen. Ihr sollt an der Umsetzung eurer Erkenntnisse arbeiten. Das wichtigste daran ist es zu erkennen, wann Ihr vom Ego und Verstand „geleitet" werdet und wann von der wahren Liebe. Befreit euch von vielen negativen Glaubenssätzen, die Ihr über Jahre in euch integriert habt. Das wäre ein kleiner aber liebevoller Anfang der Umsetzung euren Erkenntnisse. Befreit euch von Sätzen wie: „Alle Frauen sind gleich, oder alle Männer sind gleich, kennst du einen kennst du alle". Wenn Ihr so einen Glaubenssatz innerlich pflegt, müsst Ihr euch danach nicht mehr fragen, warum alles in die Brüche geht? Wie du bereits weißt, seid Ihr die eigenen Schöpfer euren Zustände, in denen Ihr euch immer wieder befindet."*

ICH: Du meinst, wir sollten endlich die Verantwortung für unseren Handeln übernehmen?

MHS: *„Richtig."*

ICH: Ich frage mich nur, wann die Menschheit dies erkennen wird? Was ich so um mich herum sehe, macht mir nicht so viel Mut und Hoffnung.

MHS: *„Es wird sich alles verändern. Wie ich bereits gesagt habe, eine Veränderung findet nicht augenblicklich statt. In den nächsten Jahren, werden sich sehr viele Beziehungen auflösen. Die Gemeinsamkeit dieser Beziehungen ist, dass die als Basis die materiellen und egoistischen Aspekte haben.*

ICH: Interessant. Warum passiert das ausgerechnet jetzt?

MHS: *„Ich sagte vorhin, dass ein UPDATE bereits stattfindet. Dieser UPDATE verändert euer Bewusstsein. Manche werden das Gefühl haben, dass es jetzt endlich reicht unzufrieden zu sein und werden Ihre Arbeitsverhältnisse, Beziehungen, Freundschaften beenden, weil sie feststellen werden, dass diese nicht „echt" sind. Durch UPDATE werden viele Bereiche eures Lebens erhellt. Die Liebe kehrt wieder zurück zu eurem Kern. Nichts wird mehr ohne Liebe möglich sein, Arbeitsstelle, Beziehungen, Freundschaften, Berufe."*

ICH: Das klingt wunderschön. Wie würdest du die Liebe bezeichnen oder definieren?

MHS: *„Die Liebe ist der „Samen", aus dem Ihr gezeugt wurdet. Es ist der Ursprung eure Existenz und die stärkste Energieform im ganzen Universum. Die Liebe ist das was war, was ist und werden wird, eine schöpferische Energieform. Nur mit Liebe ist eine Kreation, oder Schöpfung möglich. „Alles was du tust, tu es mit Liebe", dieser Satz ist dir bestimmt bekannt oder?"*

ICH: Sicher, nur manchmal begreife ich den nicht. Ich will mich beruflich verändern und etwas tun, was mir richtig Spaß bereitet. Nur, damit könnte ich meine Familie nicht unterhalten. Wie können wir solche „Zustände" verändern?

MHS: *„Zuerst solltest du deine innere Einstellung verändern. Dein Verstand sagt deinem Unterbewusstsein, dass so eine „Tätigkeit" nicht möglich sei. Du hättest eine Familie zu ernähren, und dein Unterbewusstsein erfüllt mal wieder den*

*Wunsch deines Verstandes. Starte diese Tätigkeit „innerlich",
sei davon überzeugt, dass du sie bereits ausübst und die Wege werden sich auf eine verblüffende Art und Weise öffnen.
Vorausgesetzt, entspricht diese Tätigkeit, deinem Seelenplan,
deiner „TO DO LISTE" Der Verstand wird dir bestimmt „vor-
schlagen", diese Tätigkeit vorerst so nebenbei auszuüben.
Dies ist das alte Muster, wie sich der Verstand absichern
möchte. Wie ich bereits sagte, der Verstand geht kein Risiko
ein!!!*

ICH: Vielleicht sollten wir unseren Verstand „in die Wüste
schicken"?

MHS: *„Dein Verstand kann dir eine Weile Streit spielen oder
dich in die falsche Richtung bewegen, aber deine Seele wird
alles tun, um ihr Ziel zu erreichen. Du wirst immer dort sein,
„wo du sein sollst". Den Verstand „in die Wüste schicken"
wäre ein großer Schritt zur euren Befreiung."*

ICH: Lass uns mal über unsere Gefühle unterhalten. Die Begriffe wie Liebeskümmer, Selbstbewusstsein etc. Warum haben wir einen Liebeskümmer, und warum ist unser Selbstbewusstsein nicht so ausgeprägt, wie es sein sollte?

MHS: *„Eure Gefühle sind ein Produkt, "hergestellt" vom
Verstand, Ego und Angst. Eine Seele hat keine Gefühle, weil
sie immer in der Liebe ist. Schau dir die Reaktionen, die
durch Verstand, Ego und Angst hervorgerufen werden. Die
Gefühle wie, Wut, Hass, Eifersucht, Neid etc. sind nichts anderes als Angstprodukte des Verstandes und Egos. Aber
nicht deine eigene!!! Nun zum Liebeskümmer. Am Anfang*

einer *Partnerschaft sind die beiden beteiligten ineinander verliebt!? So wird es hier bei euch gesagt, oder?*

ICH: Ja, so ist es.

MHS: *So ist es aber nicht. Die beiden sind nicht „ineinander verliebt"! Sie sind in der LIEBE!!! Sie lieben sich. So einfach ist das. Wenn sich die Partner voneinander trennen, entsteht ein „Liebeskümmer"? Der verlassene denkt, dass der Partner diese Liebe „mitnimmt" und sie einem anderen Partner weiter gibt?! Das denkt aber das Ego, die Seele schätzt diese Begegnung und weiß ganz genau, wie diese ihr gedient hat. Niemand kann niemanden seine SELBSTLIEBE klauen und an Jemand Anderen weiter geben!!! Ja du hast mich richtig verstanden, hier geht es um eure mangelnde SELBSTLIEBE. Diese ist die Ursache für euren Liebeskümmer! Mit dem Selbstbewusstsein ist genau das Gleiche. Keine Selbstliebe, kein Selbstbewusstsein.*

ICH: Warum reagieren wir anders, wenn es tatsächlich so ist, wie du es gerade beschrieben hast? Werden wir tatsächlich so extrem von diesen drei Elementen beeinflusst, bzw. gesteuert?

MHS: *„Ich sagte doch, Ihr identifiziert euch mit diesen drei Elementen, und funktioniert wie ein „ALL IN ONE" – Gerät. Nach Bedarf werden diese drei Funktionen aufgerufen und nacheinander ausgeführt. Manchmal passiert dies gleichzeitig. Ich hoffe, dass du jetzt nicht beleidigst bist, weil ich euch mit einer Maschine vergleiche!"*

ICH: Ich denke gerade an Terminator! Wenn ich mir das Leben auf der Erde anschaue, dann sehe ich tatsächlich ein Automatismus, einen mechanischen Prozess von der Geburt bis zum Tod. Wir leben hier nicht, wir „funktionieren"!!! Eine Maschine kann nur funktionieren aber nicht leben. Ne, du hast absolut Recht. Wir sind nicht wie Maschinen, sondern wir sind Maschinen. Siehst du eine Möglichkeit, wie wir aus dieser Mechanik bzw. Automatismus herauszuschlüpfen könnten?

MHS: *„Zuerst sollt Ihr euch mit eurer Angst auseinandersetzen. Die ist einer der Hauptverursacher des euren Zustands. Dieser Automatismus ist die Folge eurer Angst. Ihr seid diejenigen, die nicht in der Lage sind, „NEIN JETZT REICHT`S", zu sagen und deswegen läuft Ihr diesem Automatismus weiter nach. Euer Verstand sorgt dafür, dass Ihr diesen Satz nicht aussprechen könnt. Er bombardiert euch mit der hunderten von Fragen, die alle mit einer Menge Angst geladen sind und dabei löst eine Verunsicherung aus, die euch zum Treffen einer falschen Entscheidung führt. Und diese Verunsicherung ist nur „seine eigene Angst", die er aber mit einem großen Erfolg auf euch projiziert."*

ICH: Oh Mann, schon wieder sind wir beim Verstand. Das Thema nimmt kein Ende.

MHS: *„So ist es, wir werden immer wieder auf das Thema zurückkommen. Euer Verstand beherrscht euer Leben und ist in beinah allen euren Lebensbereichen anwesend, sogar auch beim SEX."*

ICH: Das kann ich mir kaum vorstellen. Wie soll das denn funktionieren? Wie setzen Wir unseren Verstand beim Sex ein? Ich dachte, dass viele Männer, wenn sie schon an Sex denken den Verstand verlieren?

MHS: *„Denk ein Moment darüber nach. Na gut, ich helf dir. Wie viele von euch können tatsächlich beim Sex abschalten? Manche denken an Zahlen & Geld, die anderen an andere imaginären Partner, oder an die Ereignisse aus der Vergangenheit und Zukunft. Interessanterweise die Gegenwart bzw. was geschieht JETZT, ist völlig unwichtig. Und dazu kommt noch das EGO, wie war ich, und, und, und........*

ICH: Anstrengend. Ich bekomme einfach die Krise. Wo führt das alles hin? Ich meine, was mach das alles hier noch überhaupt für ein Sinn? Existiert ein Bereich unseres Lebens, in dem Verstand keine Rolle spielt?

MHS: *„Wenn Ihr auf diese Welt kommt, als Babys, kennt Ihr weder Verstand noch Ego. Ihr seid nur Liebe. Hast du dich mal gefragt, warum die Eltern so viel Liebe ihren Babys schenken? Nicht weil sie so süß sind, sondern weil sie reine Liebe ausstrahlen. Das ist euer „wahrer Zustand" und nicht das was Ihr jetzt seid. Die Eltern konditionieren und programmieren ihre Kinder, und diese wenn sie Eltern eines Tages geworden sind, machen genau das Gleiche, was sie von Ihren Eltern gelernt haben. Und so entstand ein Kreislauf, aus dem Ihr keinen Ausweg mehr findet. Verstand, Ego und Angst werden buchstäblich „gezüchtet". Das was du als Kind mit deinen Eltern erlebt hast, wirst du höchstwahrscheinlich an deine Kinder weiter geben wollen, Art der Erziehung, Liebe oder keine Liebe, etc...Wie könnt Ihr hier von anderen erwarten, dass sie in der Liebe handeln, wenn sie diese noch nie Liebe kennengelernt haben. Schaut euch, wie sich in euren Beziehungen eure Eltern reflektieren. Wenigen von euch gelingt es diese Reflexion zu erkennen, aufzuwachen und dann den eigenen Kindern eine liebevolle Kindheit zu anzubieten. Die Menschen, die ohne einen Elternteil aufgewachsen sind, werden dies immer in eigener Beziehung projizieren. Sie werden immer nach diesem fehlenden Elternteil suchen, diesem Teil der Liebe, der in einer Beziehung nicht zu finden sein wird. Enttäuscht werden Sie die Beziehung verlassen und eine neue eingehen in der Hoffnung diesen Teil der Liebe zu finden. Und so geht immer weiter und weiter, bis Ihr nicht merkt, dass es dabei um Selbstliebe geht, die durch Verlust eines Elternteils verlorengegangen ist. Die-*

se Selbstliebe kann auch verlorengehen, wenn die Menschen mit beiden Elternteilen aufwachsen. Dabei ist die Liebe, die ein Kind braucht weder von der Mutter noch von dem Vater gegeben. Das Kind fühlt sich überflüssig und entwickelt eine Abneigung gegen sich selbst. Es entsteht ein Selbsthass statt Selbstliebe. Wie du es jetzt bestimmt Selber erkennen kannst, die Ursache aller Schwierigkeiten, denen Ihr hier begegnet resultieren als Mangel an der Liebe. Ihr habt das Geld auf die erste Stelle positioniert und die Liebe, an die nur noch wenigen von euch glauben, auf die unterste Position eurer Bedürfnisse, obwohl Ihr euch unbewusst alle danach sehnt. Und dann sagt Ihr, Ihr hättet kein Glück in der Liebe. Siehst du, wie Ihr verantwortungslos seid?"

ICH: Bin ohne Worte. Hmm,...(kurze Pause).

Kapitel V

ICH: Du hast Glück erwähnt, wie würdest du diesen Begriff definieren?

MHS: *„Glück ist ein Zustand, in dem Euer Verstand seine Erfüllung findet. Ihr seid als Seelen immer in diesem Zustand aber es ist nicht der Zustand des Glücks sondern Zustand der Liebe."*

ICH: Interessant. Was könntest du zum Thema Krieg, Hunger, Wirtschaft sagen? Dienen die Kriege und Hunger, wie andere Autoren sagen, einer Bereinigung der Erde?

MHS: *„Nein, definitiv nicht. Die Erde bereinigt sich auf Ihre Art selbst, sie braucht dafür keine Menschenopfer bzw. Kinderopfer. Sie bietet genug Platz zum Leben für euch alle. Und es müssten weder ein Kind noch ein Erwachsener am Hunger sterben. Sowohl die Kriege als auch die Hungernöte sind künstlich verursachte Zustände."*

ICH: Wer ist verantwortlich für diese Zustände? Wer ist deren Verursacher?

MHS: *„Das wisst Ihr ganz genau. Ihr müsst es nur sehen wollen!!!*

ICH: Gut, ich sehe, du hast einen Grund darauf nicht einzugehen. Du hast vorhin den Begriff der Selbstliebe erwähnt. Kannst du das ein wenig näher beschreiben bzw. erklären, was wir genau darunter verstehen sollten?

MHS: *„Die Selbstliebe solltet Ihr buchstäblich verstehen als Liebe zu euch Selbst. Es hat nichts mit Egoismus zu tun, wie Ihr es interpretiert, sondern mit einer Zuneigung zu sich selbst, in dessen Besitz nur wenigen von Euch sind. Es bedeutet auch nicht, sich auf die erste Stelle zu positionieren, sondern hat es viel mehr mit eurem Handeln zu tun. Schaue dir deinen Job, deinen Partner/in, deine Wohnung, deine Ernährung, an. Liebst du deinen Job? Suchst du nach der Liebe bei deine(r)m Partner/in? Wie wohnst du? Wie ernährst du dich? Konsumierst du diversen Drogen, wie Zigaretten, Alkohol? Missbrauchst du Medikamente? Wenn du einen Job nur aus reinem Nutzen machst, ohne Liebe, arbeitest du gegen dich selbst, gegen deine Selbstliebe. Du tust das nur um deinen Verstand zu beruhigen. Wenn du dich nach der Liebe sehnst und diese bei deinem Partner suchst, bist du blind, denn die Selbstliebe kann dir dein Partner nicht geben. Er kann dir etwas nicht geben, was bei dir ist und was du selber nicht siehst. Er ist nur im Besitz seiner Selbstliebe aber nicht deiner. Das ist auch der Wurzel eure Eifersucht. Und wie ich bereits vorhin sagte, das Ego denkt, dass euer Partner/in eure Selbstliebe, mitnimmt und diese andere (r)m Partner/in schenkt. Deswegen fühlt Ihr euch bei einer Trennung verlassen und verloren. Die Selbstliebe ist die Ursache aller deine Zustände in denen du dich befindest. Jemand, der sich selbstliebt, ist die Liebe selbst. Er strahlt diese Liebe aus und zieht nur die Liebe an."*

ICH: Das heißt, wenn ich den Job nicht finde, der mir Spaß macht, soll ich gar nicht arbeiten gehen?

MHS: *„Richtig, denn diesen Job hast du bereits verloren, als du die Entscheidung getroffen hast diesen anzunehmen. Etwas zu tun, was du nicht liebst, ist wie hier zu leben ohne zu atmen. So wie sich dein Körper ohne Sauerstoff fühlen würde, so fühlt sich deine Seele, wenn sie eine Tätigkeit lieblos verrichtet."*

ICH: Ich möchte gerne zu einem anderen Thema wechseln und zwar zu unseren Kindern. Wie können die Eltern Ihre Kinder auf den richtigen Weg bringen?

MHS: *„Eure Kinder sind nicht nur ein Produkt von Euch im Physischen Sinne sondern auch eine Projektion euren Selbst. Diese Projektion endet erst dann, wenn Ihr es erkannt habt, dass Ihr euch in Ihren Kindern seht, und dass die Kinder euch nur das zeigen, was euch auch gehört. Ihr könnt eure Kinder „auf den richtigen Weg" nur in und mit Liebe bringen. Und dies wird erst dann möglich sein, wenn IHR es begriffen habt, dass das Rennen hinter dem Geld, der Anerkennung, oder einem Titel, eine reine Energieverschwendung im wahren Sinne ist. Ist dir nicht aufgefallen, dass viele von Euch, die dieses Rennen mitmachen, danach und während total ausgepowert und später auch krank sind? Die reden sich immer wieder ein, dass es so sein muss. Glaubenssatz? Egal, ob es um einen Mann oder eine Frau geht, beide Geschlechter sind hier betroffen. Die Kinder werden dann nur so mal „nebenbei mitgenommen" bzw. wahrgenommen. Die Ergebnisse zeigen sich meistens später, wenn sich aus den Kindern die Jugendlichen entwickelt haben. Dann werden die Psychologen beauftragt und diese sollen es mal wieder geradebiegen, was die Eltern versäumt haben. Verantwortung? Schaut euch die Eure Jugendlichen an. Warum ist der*

Alkoholkonsum bei Jugendlichen so hoch? Nur weil das COOL ist? Diese Jugendliche haben Ihre Eltern nie richtig kennengelernt, weil diese für sie keine Zeit hatten. Die Schuld in anderen zu suchen ist dann der beste Trost für die Eltern. Bei sich selbst zu schauen ist ja gar nicht notwendig, denn sie hätten alles richtig getan. Das Kind hatte „alles", nur eines nicht, die LIEBE seiner Eltern. Ein Kind zu lieben bedeutet nicht, diesem ohne wenn und aber alles zu geben, sondern auch Kraft und Stärke auf eine Art und Weise dem Kind mitzuteilen, die Ihr als Eltern besitzt. Die Kinder wollen starke und kraftvolle Eltern, weil sie immer wieder Ihre Grenzen gesetzt werden haben wollen. Sie wollen auch hören, dass Mama und Papa „NEIN" sagen, obwohl sie danach protestieren, rebellieren und auf stur schalten. Das ist für die Kinder enorm wichtig und nur so fühlen sie sich bei Ihren Eltern sicher. Wenn sie Ihre Grenzen sehr früher entdeckt haben, werden sie nach diesen als Erwachsene nicht mehr suchen. Das Alkoholproblem ist nichts anderes als eine Art der Aufmerksamkeit, die die Jugendlichen auf sich lenken wollen, in der Hoffnung, dass die Eltern endlich aufwachen und sich Ihr Kind anschauen, wahrhaftig wahrnehmen.

In jedem Kind sind seine Eltern zu erkennen. Und in einer Beziehung sind immer wieder eure Eltern „präsent". Das was du als Junge von deinen Eltern mitgenommen hast und deine Partnerin als Mädchen von Ihren Eltern mitgenommen hat, befindet sich in eurer Beziehung. Alle Vorstellungen, Umgangsweisen, Werte, Sichtweisen und die Art des Lebens, die Ihr beide von euren Eltern „geerbt" habt, sind in eurer Beziehung präsent. Ihr seid in dem Muster euren Eltern. Wenn eure Eltern euch als Kinder nicht wahrgenommen haben, werdet Ihr höchstwahrscheinlich eure Kinder auch nicht wahrnehmen können. Ihr werdet nur mit euch selbst beschäftigt sein, mit eurem Schmerz, eurer Sehnsucht nach der Aufmerksamkeit und Liebe, die Ihr als Kinder nicht erfahren habt"

ICH: Mir ist es aufgefallen, dass viele Kinder auch heute die Aufmerksamkeit und Liebe nicht bekommen. Die Aufmerksamkeit und Liebe werden mit Fernseher und Videospielen gestillt. Wie könnten wir diesen Fehler beheben? Wie sollten wir anderen Eltern klar und deutlich machen, dass die unsere Kinder das wichtigste Glied in unserer Entwicklung sind? Nur als das kollektive Bewusstsein sind wir in der Lage einen großen Sprung in der unseren Entwicklung zu erreichen. Und, was tun wir hier? Wir zerstören unsere Kinder, unsere Entwicklung, unseres SEIN. Unsere Kinder sind in jede Form der Sucht, süchtig. Ob es sich um Konsum, Geld, Videospiele, Smartphones, Fernsehergerät oder Drogen und Alkohol handelt, ist es unwichtig, denn wir als Eltern haben diesen Begriff der Sucht zu verantworten. Noch mal die Frage, wie könnte ich den anderen Eltern diese Tatsachen vermitteln?

MHS: *„Eine spirituelle Entwicklung verlangt kein Ehrgeiz, diese findet in ihrem eigenen Tempo statt. Sei ein Beobachter!"*

ICH: Aber dies zu beobachten, verursacht bereits eine Menge Wut.

MHS: *„Wesen Wut ist das? Es ist nur deine Wut, es sind deine Gefühle, die bei dir hoch kommen, deine Sorgen und nicht von den Anderen. Du solltest bei dir Selbst schauen, was dich in so einen Zustand versetzt. Begreifst du das? Hinter jedem Gefühl, versteckt sich eine andere Ursache. Und hinter einer Wut, ist immer eine Portion Angst versteckt. Du wirst anderen Eltern, deine Sichtweise nicht vermitteln können. Viele von denen wollen Ihren alten Konditionierungen nicht entkommen. Also, was könntest du tatsächlich tun? GAR*

NICHTS!!!! Denn, du wirst diese Welt alleine nicht retten können! Und wovor willst du diese Welt retten? Nur deine HINGABE kann eine große Veränderung herbeiführen. Ihr wollt einfach nicht begreifen, dass Ihr hier großartig nichts zu tun braucht. Sobald Ihr denkt, dass Ihr etwas hier zu tun habt, schaltet sich euer Verstand ein. Wenn Ihr sagt: „Senden wir jetzt gemeinsam die Liebe in die Welt", dann versucht euer Verstand es tatsächlich zu tun, ja, euer Verstand sendet die Liebe und nicht Ihr. Der Verstand denkt und danach lenkt. Die Seele „ist" einfach."

ICH: Schön, dass du genau das ansprichst, was ich gerade fragen wollte. Was ist eine Seele?

MHS: *„Ich sagte vorhin, „sie ist". Sie ist weder dies noch das, weder bunt noch einfarbig, weder groß noch klein, und weder schön noch hässlich. SIE „IST". Das ist für den Verstand, wie Ihr schön sagt, „ein spanisches Dorf." Die Seele hat keine für den Verstand akzeptable Definition und sie kennt keine Polaritäten. Ihr SEINZUSTAND ist vergleichbar mit eurem „JETZT" – Zustand. Eine Seele ist immer im JETZT und daher ist die einzige Definition, „Sie ist" als akzeptabel anzunehmen.*

Sie ist eine Zusammensetzung mehrere Aspekte, oder vereinfacht gesagt sie besteht aus mehreren Teilen. Alle diese Aspekte, bzw. Teile sind im Universum zerstreut nur ein Teil „bleibt in der Matrix" bzw. Zuhause und „wartet" auf das Rückkehr anderer Aspekte, die Ihre Erfahrungen gemacht und gesammelt haben. Schaue dir einen Baum an. Was kannst du bei so einem ganz üblichen Baum wahrnehmen. Er „ist" einfach da, im JETZT und HIER, weder schön noch hässlich, er „ist". Wenn er seine Blätter „verliert", ist und bleibt er immer noch ein Baum. Die Blätter „kommen und gehen", genau wie die Seelenaspekte gehen, um Ihre Erfahrungen zu machen, und kommen wieder mit den gesam-

melten Erfahrungen zurück. Es ist kein Sterben sondern eine Reise, auf der sich auch deine Aspekte begegnen können. Dein Sohn, könnte auch ein Aspekt deiner Seele sein. Du hältst deinen Sohn in deinen Händen, bzw. hältst du einen Aspekt deines Selbst. Eure Seelenaspekte sind im ganzen Universum zerstreut, genau wie die Blätter eines Baumes während eines Sturmes. Deswegen geschieht alles JETZT, und alle eure zerstreuten Aspekte machen JETZT geleichzeitig in diesem Moment Ihre Erfahrungen. Begreifst du das?"

ICH: Das ist für mich im Moment wie ein Science Fiction Roman. Ich versuche gerade meinen Verstand zu überlisten, bzw. abzuschalten. Hast du ein Tipp, wie wir am schnellsten unseren Verstand abschalten könnten?

MHS: *„Setz dich auf einen Stuhl oder lege dich aufs Sofa. Nimm deinen Körper von den Füßen bis zum Kopf wahr. Betrachte dich selber beim Sitzen und „spüre" mit jedem Körperteil wie du sitzt bzw. liegst. Nimm jedes Geräusch im Raum wahr, danach die Stille des Raumes. Jetzt sollte dein Verstand in diesem Moment nicht anwesend sein. Ich spreche von „einem Moment", es ist Moment des JETZT!!!"*

ICH: Nun, das ist aber dann nur möglich, wenn wir Zuhause sind. Wenn wir aber arbeiten, ist so was nicht möglich oder?

MHS: *„Mit ein wenig Übung schon. Diese Übung sollt Ihr „leben" und nicht nur praktizieren." Du hast in deiner Kindheit diesen Moment gelebt!!! Dein Vater hat durch seine eigene Glaubensätze geschafft dich zu programmieren. Aber* *das ist dir bestimmt als Thema bekannt. Du wurdest als ein mediales Kind geboren und du bist ein Medium, das zwischen Diesseits und Jenseits fungiert. Diese, wie Ihr es hier nennt „Gabe", bzw. dein SEIN hier, wird deinen Mitmenschen dienen und deren Schmerz und Trauer bewältigen. Zu dir kommen viele Verstorbene und nehmen Kontakt mit dir, um von dir gesegnet zu werden. Ja du hast mich richtig verstanden!! Aber hier endet dein SEIN nicht, es streckt sich eher viel weiter durch die ganze geistige Welt durch, die Kontakt zu dir sucht bzw. schon lange hat. Du weißt, wer du bist? Du hast dich vor Jahren erkannt nur eine Portion Skepsis (wieder Verstand), lenkte dich von deiner wahren Kraft, bzw. der wahren Kraft deines Wesens ab. Jetzt, seit erst ein paar Wochen hast du begonnen dies zu begreifen und auch das zu leben, was du in der Wirklichkeit bist. Ich sehe, dass du es noch nicht so richtig begreifst, wie dies alles funktioniert. Du bist wieder auf der Verstandesebene. Auf der Seelenebene segnest du die „Verstorbene". Jetzt?*

ICH: Ja, jetzt macht es einen Sinn. Das, was du gerade über mich geschildert hast, ist tatsächlich wahr, ich bin sprachlos. Aber „hier auf der Erde" ist wirklich nicht einfach, den wahren SEIN umzusetzen. Ich konnte mich damals dieser Programmierung meines Vaters gar nicht entziehen. Natürlich hat sie mir geschadet, aber es war einfach nicht möglich, meinem Vater eine Absage zu erteilen. Er vermittelte mir das Gefühl, dass nur der Verstand und das Ego die zwei wichtigsten Komponenten des Lebens sind. Er glaubte selber nicht und tut es bis heute nicht, an die Liebe in einer Beziehung.

MHS: *„Du brauchst dich nicht rechtfertigen. Alles ist genau nach „deinem Plan" gelaufen, wie es sein sollte. Und JETZT BIST DU WACH!!! Ihr alle solltet euch eine Sache merken:*

„IHR MACHT ES EUCH SELBST „HIER" RICHTIG SCHWER."

ICH: Deinen letzten Satz finde ich brutal.

MHS: *„Das habe ich mir schon gedacht."*

ICH: Was ist mit den Kindern, die missbraucht werden oder gar getötet werden? Machen sie sich „hier" SELBST auch richtig schwer? Oder von eigenen Eltern verkauft bzw. abgestoßen werden?

MHS: *„Über den Inkarnationsausgang, wussten diese Kinder bevor sie inkarniert sind. Eure Verlustängste (als Ableitung von der Haupt- Quelle der Angst, Todesangst), verstärkt durch euren Verstand, enden in der WUT und im HASS. Euch wird wieder eine Illusion vorgeführt, die euch voneinander und vom Schöpfer trennt. Klingt es immer noch als sehr brutal?"*

ICH: Also, du willst mir sagen, dass wir ganz genau wissen, worauf wir uns „hier" einlassen, bevor wir hier inkarnieren?"

MHS: *„Korrekt."*

ICH: Wo kommen wir überhaupt alle her? Wo ist unser Zuhause?

MHS: *„Ihr kommt aus verschiedenen Universen. Es gibt nicht nur einen Universum, wie manche es von euch denken,*

sondern mehrere. Viele von euch sind hier um die Entwick-
lung diesen Planten voranzubringen. Einige eure Autoren
schreiben über Aufgaben, Erfahrungen und Lernprozessen,
die Ihr alle hier zu bewältigen hättet. Dies betrifft aber nur
ganz „neue Besucher", die zum ersten Mal hier bei euch sind.
Viele von euch sind schon öfter hier inkarniert worden. Man-
che werden daran erinnert, wer sie wirklich sind, und man-
che sollen es erkennen. Bei einigen soll das Wissen nur „ge-
weckt werden" und bei anderen ist ein Lernprozess notwen-
dig. Es sind viele unterschiedliche Schwingungen vorhanden
und diejenigen, die sehr „hoch schwingen" sollen diejenigen
mit den niedrigen Schwingungen unterstützen, und denen
einen „Halt" bieten."

ICH: Moment, habe ich es richtig verstanden? Wenn jemand
sehr niedrig schwingt, bzw. als Mitmensch „unerträglich" ist,
oder böse, sollen diejenigen alles einsetzen, um den zu unterstützen? Du meinst, niemand soll hier für irgendetwas be-
straft werden? Habe ich dich richtig verstanden? Wie erkennt
man überhaupt jemanden, der niedrig schwingt?

MHS: *„So ist es, eine Strafe habt Ihr erfunden, um die Men-*
schen auf diesem Planeten „im SCHACH zu halten". Es ist
eine simple Angst-Methode, ohne viel Mühe und Aufwand.
Die einzige Möglichkeit, diese Menschen zu unterstützen be-
steht in einer Urteillosen Betrachtung dessen SEINS. Und in
der HINGABE, also diese so hinzunehmen so wie sie wirklich
sind, und nicht versuchen sie zu verändern. Die Menschen,
die niedrig oder anders schwingen, rufen bei dir eine Art der
Abneigung hervor. Ihr fällt sehr schnell einen Urteil über
solchen Personen. Der niedrig schwingende Mensch „zieht
dich auf seine Ebene herunter", wo er sich am wohlsten fühlt,

du aber nicht. Meistens fühlst du dich danach richtig „ausge-
saugt" und leer. Deine Energie bzw. deine hohe Schwingun-
gen dienen ihm als eine Art der energetischen Mahlzeit, die
ihn wiederrum weiter in seiner Entwicklung voranbringt.
Diese Menschen sind sich Ihrer Spiritualität nicht bewusst.
Sie betrachten sich nur als Körper und die materielle Sicher-
heit bestimmt Ihr Leben."

ICH: Moment, halt....Du willst mir sagen, dass wir alle Mörder und Verbrecher, so hinnehmen sollen, wie sie sind? Wie
sollen wir dann einen Mörder bzw. niedrig Schwingenden
Menschen dazu bringen, das Leben anderer zu respektieren?

MHS: *„Korrekt, denn Ihr habt sie dazu gemacht, was sie*
jetzt sind. „Ihr" seid die Ursache Ihrer Existenz. Nur Verant-
wortung drückt Ihr von euch weg und übt eine sinnlose Be-
strafung aus, die nichts anderes ist als die Bestrafung euer
Selbst. Und wie kommst du darauf, dass die niedrig schwin-
genden Menschen Mörder sind bzw. sein können? Schau Mal
ca. 64 Jahre zurück, den zweiten Weltkrieg. Wie viele von
der deutschen Bevölkerung standen hinter Ihrem Führer?
Wenn du denkst, seine Schwingung wäre niedrig, dann irrst
du dich sehr. Es war ein sehr charismatischer Führer, der es
geschafft hat, dass bis heute noch über ihm die Bücher ge-
schrieben oder Filme gedreht werden. Sein Name ist bis heu-
te nicht vergessen worden und wird so oft erwähnt, wie der
Name von Jesus. Schon mal darüber nachgedacht?"

ICH: So habe ich das nicht gesehen. Aber das ist wahr, es ist
bis heute nicht vergessen worden. Also „wir alle" sind verantwortlich für diese „degenerative Produktion". Hmm, was kön-

nen wir dann überhaupt noch tun? Wir können diese Menschen nicht einfach so frei herumlaufen lassen oder?

MHS: *„Was tut Ihr wenn ein Fabrikat auf dem Absatzmarkt große Fehler aufweist? Ihr ruft alle Fabrikate in die Werkstatt zurück, oder? Der „Fehler" soll behoben werden. Nun, hier könnt Ihr genau das Gleiche anwenden. Aber hier gibt es etwas zu unterscheiden!!"*

ICH: Und das wäre?

MHS: *„Wenn Ihr einen Fabrikat oder Produkt in die Werkstatt zurückruft, dann wisst Ihr, wie der Fehler zu beheben ist. Wenn Ihr aber einen Menschen in die „Werkstatt zurückruft", dann wird die Symptomatik behandelt, Ursache des „Fehlers" aber nicht. Anders gesagt, Ihr habt keinen blassen Schimmer, was zu tun ist? Verstanden?"*

Kapitel VI

ICH: Das klingt ja richtig trostlos...Warum wissen wir das nicht?

MHS: *„Weil Ihr alle nach einem Lernmuster arbeitet. Es wird das angewendet, was im Studium gelernt wurde. Dem eigenen Geist „einen Trip zu erlauben", könnte dazu führen, dass man selber als „Fehlerhaft" bezeichnet wird. Also um dies zu vermeiden, wird konsequent und eingeschränkt nach den Lernbüchern gearbeitet. Ansonsten kann man so einen fehlerhaften Teil „recyceln", was mit einem Menschen leider nicht möglich ist"*

ICH: Gut, was bleibt uns als Lösung noch übrig?

MHS: *„Nach den Ursachen des „Fehlers" forschen und wenn diese gefunden werden, wird der „Fehler des Systems" durch den Körper selbst behoben."*

ICH: Also der Prinzip der Ursache und der Wirkung.

MHS: *„Richtig!"*

ICH: Ich will gerne zurück zum Thema, unsere Beziehungen, Entscheidungen, Berufe, also zum Kern unseres Aufenthaltes „hier" auf der Erde. Wie können wir im Leben eine richtige Entscheidung treffen? Wann üben wir einen „richtigen" Beruf aus und wie meistern wir eine zwischenmenschliche Beziehung?

MHS: *„Ihr trifft IMMER eine richtige Entscheidung. Egal, in was für eine Lebenssituation Ihr kommt, war die getroffene Entscheidung in diesem Moment richtig. Und in einem anderen Moment, wird die getroffene Entscheidung auch korrekt sein."*

ICH: Ich treffe Entscheidung einen Menschen zu töten!? Ist diese Entscheidung auch dann richtig gewesen?

MHS: *„Für dich persönlich in dem Moment, bestimmt „richtig", aber die anderen werden diese Entscheidung aus einem anderen Winkel betrachten. Wenn diese Entscheidung für dich nicht „notwendig" gewesen wäre, hättest du diese niemals getroffen und wärest in so eine Lebenssituation, die dich zu dieser Tat zwang niemals hineingeraten. Ihr könnt niemals eine „falsche" Entscheidung treffen. Dies kann nur euer Verstand, denn er unterscheidet zwischen „richtig und falsch". Und merkt dir eine Sache, „RICHTIG und FALSCH" können niemals der Allgemeinheit dienen!!! Denn, das was für dich „richtig" ist, ist für den anderen „falsch"! Jede Entscheidung, die du triffst, bringt dich in eine Verbindung mit einer neuen Erfahrung, einem neuen Lernprozess. Stell dir vor, Ihr würdet nie eine Entscheidung treffen müssen? Was würdet Ihr „hier" überhaupt noch tun wollen? Begreifst du das? Das bedeutet aber nicht, dass jemand hier jetzt wahllos die Menschen töten sollte!!!"*

ICH: Heftig...Ich hoffe, dass die Leser diese Meinung nicht in „den falschen Hals bekommen"? Und zum Beruf?

MHS: „*Einen richtigen Beruf auszuüben ist nur dann möglich, wenn euer Herz für diesen ausgewählten Beruf schlägt. Ihr geht vielen Berufen nach aus verschiedenen Gründen wie: Familientradition, gute materielle Aussichten, Titel, Ansehen in der Gesellschaft, Orientierungslosigkeit, etc. Sehr wenige von euch lieben Ihre Berufung, und diejenigen, die Ihren Beruf mit Liebe gewählt haben, werden auch in Ihrem Beruf sehr erfolgreich sein. Jeder von euch ist in der Lage zu spüren, was einem am besten „liegt", was einen innerlich „erfüllt" und immer wieder zum Lachen und zur Zufriedenheit bringt. Eine Ausübung des Berufs ist nichts anderes als Ausübung deines SEINS hier. Hier können eure Eltern eine wichtige Rolle spielen können, wenn sie nicht zu dominant sind und wollen nur ihre eigene bisher im Leben nicht erreichte Ziele jetzt durch euch erreichen, bzw. durchleben und durchsetzen. Nur Ihr selbst seid in der Lage „eine richtige Berufung" für euch auszusuchen und niemand anders. Meistens zeigt sich das Ergebnis „eurer beruflichen Entscheidungen" sehr schnell. Durch eine Krankheit, einen Unfall, oder eine Entlassung werdet Ihr dazu gezwungen aus dem Beruf auszusteigen. Viele merken diese Zeichen nicht, und versuchen immer wieder in dem gleichen Beruf einen Fuß zu fassen. Genau das Gleiche geschieht es, wenn Ihr euch um einen Ausbildungs- oder Arbeitsplatz bewirbt. Es kommen immer wieder die Absagen und Ihr versteht die Welt nicht mehr. Ihr geht davon nicht aus, dass vielleicht das Unternehmen, das euch eine Absage erteilt hatte, für euch nicht gut ist und dass diese Absage eher als ein großer Geschenk zu betrachten ist und niemals als ein Versagen. Ihr werdet zur richtigen Zeitpunkt beim richtigen Unternehmen sein, das mit euren Schwingungen im Klang ist.*

MHS: „*Mit euren Beziehungen ist es sehr ähnlich. Die materielle- und lustgesteuerte Einstellungen sowie eure Einsam-*

keit, bringen euch auch sehr oft in eine „Teufelsküche". Der Partner/in soll so und so sein, mit dies und das.......Und dabei seht Ihr nicht, dass Ihr eigentlich nach euch selbst sucht. Das, wonach Ihr sucht könnt Ihr nur in und bei euch finden aber niemals im oder beim anderen. Der Andere zeigt und reflektiert das, wonach Ihr sucht. Deshalb erledigen sich viele Beziehungen bevor sie noch richtig angefangen haben. Hier ist wieder mal die Hauptursache, die Abwesenheit der Liebe.

Eine lieblose Beziehung wird niemals funktionieren können, weil die Basis nicht existiert. Und die Basis des Ganzen hier auf der Erde ist, die LIEBE. Um eine Beziehung zu meistern, sollt Ihr alle eure Urteile, Vorurteile und Glaubenssätze verabschieden. Also bevor Ihr eine Beziehung angeht, sollt Ihr gewisse Vorbereitungen treffen. Befreit euch von allen möglichen Glaubenssätzen, Vorurteilen und Manipulationen durch Eltern oder Freunde, hört einfach nur auf euer HERZ. Erst dann seid Ihr frei und fähig eine ehrliche Beziehung einzugehen. Lasst das EGO und den VERSTAND auf einem einsamen Ort ruhen. Die beiden haben in eurer Beziehung nichts verloren. Sie werden eure Beziehung lähmen und zerstören. Kontrolle, Besitz, Machtspiele und Erniedrigungen sind die Eigenschaften, die diese beiden Verbrecher mit sich bringen. Wenn Ihr diese Stufe erreicht, wird sich eure Beziehung auf einer ganz anderen Ebene manifestieren. Nichts mehr wird diese Beziehung zerstören können. Wenn Ihr euch auch irgendwann trennen solltet, wird dies auch in Liebe und Respekt zueinander geschehen. Achtet auf eure Vorstellungen, und prüft, ob diese tatsächlich von euch stammen oder einen anderen Ursprung haben. Sie können euch durch eure Eltern oder diversen Fernsehermedien in eurem Unterbewusstsein „implantiert" worden sein, so dass Ihr immer danach handelt und nicht nach euren eigenen Vorstellungen, die durch die fremde Einwirkungen, verdrängt wurden. Genauer betrachtet, existieren die Vorstellungen über einer Beziehung nicht. Die Seele kennt diesen Begriff nicht, weil es etwas was man sich „vorstellt" überhaupt nicht gibt. Warum? Weil die Vorstellung als Wort bereits einer Zukunftsform entspricht. Nun, da alles aber JETZT geschieht und Zukunft und die Vergangenheit nicht wirklich existieren, kann eine Vorstellung dann auch nicht existieren. Sie ist ein Produkt der Phantasie deines Verstandes, sie ist eine Illusion."

ICH: Oh man, es wird langsam alles ein wenig kompliziert. Was ist hier überhaupt noch „echt"? Wenn ich dich richtig verstanden habe, sollen wir unsere Beziehung einfach „beobachten" und nicht „vorstellen" oder?

MHS: *„Richtig, eine Vorstellung hat einen zerstörerischen und starren Charakter. Sie ist weder biegsam noch elastisch, kennt keine Kompromisse, und verfolgt starre Regeln. Wenn du aber als Beobachter deine Vorstellung betrachtest, erkennst du sehr schnell, wer tatsächlich dahinter steht. Als Beobachter bist du viel flexibler und aufmerksamer. Du erkennst sofort die Ursache der „Störung" und bist sofort in der Lage zu handeln. Die „Vorstellung" lähmt dich, weil sie selber so starr ist, und du suchst nicht nach der Ursache der Störung, sondern nach der SCHULD!"*

ICH: Sehr gut, ich wollte gerade zwei interessante Begriffe ansprechen: SCHULD UND EINSAMKEIT. Deine Sichtweise würde mich sehr interessieren.

MHS: *„Die Schuld und die Einsamkeit sind zwei untrennbaren Schwestern. Sie können ohne einander nicht existieren. Dort wo die Schuld wohnt, schläft schon lange die Einsamkeit. Das paradoxe daran ist, dass weder SCHULD noch die EINSAMKEIT existent sind. Deren Erfindung ist eine der tödlichsten Waffen auf der Erde. Die Schuld kann euch bis zum Seelenkern zerfressen und die Einsamkeit ist die absolute Trennung zum Göttlichen. Bis heute wird euch gepredigt, dass Jesus für euch gestorben ist! Hallelujah!"*

ICH: Und ich dachte, ich wäre ab und zu ironisch und sarkastisch. Aber, wenn wir schon bei diesem Thema sind, möchte ich deine Sichtweise bzw. dein Erkenntnisse über Jesus hier und jetzt erfahren. Fand eine Kreuzigung statt, oder ist das auch nur eine der gut erzählten Geschichten? Und wie kann ein SCHÖPFER oder GOTT so etwas zulassen, dass sein SOHN auf so eine brutale Art und Weise endet?

MHS: *„???" Du meinst das jetzt nicht ernst oder?"*

ICH: Sicher, warum denn?

MHS: *„Weil du die Antwort kennst. Aber gut, ich glaube, du willst, dass deine Leser endlich erfahren sollten was damals geschehen ist? Nun die Kreuzigung hat in euren Köpfen stattgefunden. Es war eure eigene Kreuzigung. Jesus war nur eine Projektion eurer eigenen Kreuzigung. Er ist nicht „am Kreuz gestorben", wie Ihr alle denkt und glaubt und er ist nicht für „euch gestorben", wie es euch hunderte von Jahren gepredigt wurde. Unser VATER, SCHÖPFER, würde niemals gegen euren Willen handeln oder sich in das Vorhaben euren Willes einmischen. So war das auch bei Jesus. Es war ausschließlich sein Wille, diese Projektion zu manifestie-*

ren. Nur die Menschheit hat das falsch verstanden. Das, was die Menschheit daraus verstanden und umgesetzt hatte, hatte nichts mit dem zu tun, was Jesus gepredigt hatte. Jesus wollte niemals eine Religion erschaffen, die die Menschen voneinander trennt. Er wollte überhaupt diesen Begriff, Religion, nicht ins Leben rufen. Das habt Ihr euch Selbst zu verdanken. Ihr habt euch selbst voneinander getrennt und bis heutigem Tag ist diese Trennung, die jetzt ihr Maximum erreicht, anwesend. Ihr seid nicht nur voneinander getrennt, sondern auch von euch selbst. Es ist ja kein Wunder, dass die Einsamkeit als Illusion, euch auch zerstört. Schaut dich bitte aufmerksam um. Du kannst nur noch die Trennung sehen, Trennung voneinander, Trennung vom eigenen Selbst, Trennung von Tieren, Trennung von Natur und deren Lebewesen, Trennung vom SEIN, Trennung vom JETZT, Trennung vom GOTT. Hier kann man sich nur noch ALLEINE fühlen. Oder? Jesus wollte dies nicht. Er sprach immer von der Einheit und vom wahren Vater, von dem Ihr nichts wissen wolltet. Eure materielle Verblendung und die Sucht nach der Macht verstärkte die Trennung voneinander und vom GOTT. Und dieser Zustand ist für euch die reine „Hölle". Durch die Kreuzigung wurde eure Aufmerksamkeit auf euch selbst gerichtet aber das habt Ihr leider nicht verstanden. Jesus steht immer noch gekreuzigt bei euch entweder Zuhause oder in euren Kirchen, als Zeichen eure Schuld. Und Ihr schaut hin, seht dieses Leid, den Tod und glaubt noch daran, dass das Leben nur noch daraus besteht. Eure wahre Freude an eurem SEIN existiert nicht, und eure Verblendung sorgt für das Erhalten dieser alten Glaubensätze, die euch wie einen Hamster im Rad ohne Ausweg laufen lassen. Nur ein Hamster ist oft klüger und weiser als Ihr, denn er weißt ganz genau, wann er sein Laufen zu beenden hat. Aber Ihr läuft weiter und weiter...."im Rad". Nun, noch mal zur Kreuzigung. Was genau wollte Jesus euch mitteilen? Jesus symboli-

siert eure schmerz- und leidvolle, gequellte und getrennte SEELE und der Kreuz ist das Symbol für euren Körper. Rufe dir dieses Bild ins Gedächtnis und sage es mir, was du da selber siehst. Die Kreuzigung zeigt euren wahren Zustand, in dem Ihr euch damals befandet und heute immer noch befindet. Ich glaube eine deutlichere und sehr drastische Darstellung des euren Zustands hätte niemand besser darstellen können. Und Ihr habt es wieder falsch verstanden und habt JESUS als Märtyrer angesehen und bezeichnet."

ICH: Ich glaube, ich muss das jetzt noch mal durchlesen, Moment. Ich bin jetzt gerade absolut sprachlos. Ich würde gerne das Gespräch für heute beenden, wenn es dir nichts ausmacht?

MHS: *„Absolut in Ordnung, ich sehe du hast noch viele, viele Fragen. Bis bald."*

Schon wieder bekam ich das Gefühl, dass ich dies alles nur träume und Gespräch vielleicht mit mir selber führe. „MHS" hatte auf jede meiner Fragen eine sehr interessante und zufriedenstellende Antwort, die sich buchstäblich in mein Unterbewusstsein hineinbohrte. Die Stimme war sehr angenehm, warm und die Energie, die herüber kam, kräftig und gleichzeitig liebevoll. Inzwischen sind mehrere Tage vergangen und „MHS" blieb in der Zeit still. Gut, ich hatte auch keine Fragen, die mich beschäftigt hatten. Ich dachte immer wieder darüber nach, wie dieses Gespräch überhaupt zustande kam. Aus ein paar Fragen ist ein Buch entstanden. In den nächsten Tagen haben sich wieder mal mehrere Fragen angesammelt. Und ja, es ging weiter los...

Kapitel VII

MHS: *„Ausgeruht?"*

ICH: Das hat ja gedauert. Wo warst du die ganze Zeit?

MHS: *„Wie meinst du das? Ich war „hier", dir ganz nah, näher als du dir vorstellen kannst!"*

ICH: ???

MHS: *„Was verstehst du nicht? Du hattest in der Zeit keine besonderen Fragen, die du klären wolltest also, warum soll ich mich dann bei dir melden? Alles anderes meisterst du schon.*

ICH: Gut, Ich würde gerne zu einem anderen Thema wechseln und zwar zum Thema, das wir bereits angeschnitten haben, SEELE.

MHS: *„Was möchtest du wissen?"*

ICH: Kann eine Seele auch „alt" und auch wie ein Körper „krank" werden?

MHS: *„Ja, eine Seele kann „alt" werden, aber nicht so, wie du es dir vorstellst. Sie bekommt keine Falten, wird gebrech-*

lich, oder dement, wie der Körper. Aber ich weiß, worauf du hinaus willst. Du denkst, dass mit dem Altern des Körpers auch die Seele altert, und reifer wird, wegen der Erfahrungen, die Sie hier gemacht hat. Teilweise ist das korrekt, weil bei vielen von euch, mit dem zunehmenden Alter auch der Verstand leider sehr „zunehmend" einwirkt. Die Seele „schaltet" sich kurz vor dem Ableben des Körpers ein, um sich von den Hinterbliebenen zu verabschieden. In dem Moment ist der Verstand bereits tot. Eine Seele kann nur „an den Erfahrungen alt werden", aber niemals als eine Energieform. Sie „ist" und bleibt das, was sie „ist", eine ständige Veränderung in ihrem Sein, begleitet von der Ewigkeit, Erfahrung Intelligenz und Weisheit. Ihr redet hier bei euch sehr oft über den seelischen Erkrankungen. Du möchtest jetzt wissen, ob das tatsächlich möglich ist?"

ICH: Richtig, du sagtest bereits, eine Seele wäre begleitet von der Erfahrung, Weisheit, Intelligenz und Ewigkeit. Wie ist es dann möglich, dass diese dann „krank" wird?

MHS: *„Eine Seele kann nie „krank" werden. Sie kennt alle Gesetze der Schöpfung und ihre eigene TO DO-LISTE und als solche ist auf alle mögliche „Ereignisse" vorbereitet. Dein Kopf, bzw. Verstand hat ein Wissen, dass dem Niveau einer Schulvorbereitungsklasse entspricht und ist auf nichts vorbereitet. Er verlangt eine Sicherheit, die einer Illusion entspricht und eine Seele weiß genau, was für eine Erfahrung auf sie zukommt. Denn, bevor das passiert, hat sie bereits den Körper als Ballast abgeworfen und verlassen. Das ist ein Schutzmechanismus der Seele. Ihr sagt hier, dass die Ursachen euren Erkrankungen etwas mit der erkrankten Seele zu tun haben. Die Seele würde ihre Erkrankung auf den Körper projizieren?! Die Antwort ist leider falsch.*

ICH: Was meinst du damit?

MHS: *„Die Seele macht einfach ihre Erfahrung mit einem „Zustand", aber sie selbst ist nicht krank und kann auch nicht krankwerden. Das ist alles. Ja deine Frage höre ich schon: „Und was ist mit den geistig zurückgebliebenen Menschen?" Diese Menschen sind weder „geistig noch seelisch zurückgeblieben"! Sie sind immer im Zustand des „JETZT" und Sie haben und kennen kein Zeitgefühl. Und Ihr habt Angst vor ihnen, denn euer Verstand kann sich in diesen Menschen nicht erkennen und finden. „ER" sieht, dass er in diesen Menschen tot ist, und daher bezeichnet sie, um sich zu schützen, als geisteskrank oder zurückgeblieben.*

ICH: Ich habe etwas darüber gelesen, dass die Seelen beim Rückkehr nach Hause, in so ein, ja wie soll ich das sagen, Sanatorium landen, um von den irdischen Erfahrungen geheilt zu werden. Was kannst du mir dazu sagen?

MHS: *„Sanatorium? Jaaa, sicher und zwischendurch gehen sie noch schoppen."*

ICH: ?????????

MHS: *„Viele von euch schreiben wunderschöne Märchen, denen auch manche von euch den Glauben schenken. Das einzige, was eine Seele macht, ist eine Bilanz ihrer Erfahrungen zu ziehen. Hat sie alles, was auf der TO DO –LISTE geplant war, umgesetzt oder nicht. Mehr gibt es nicht zu tun! Ich versuche es mal anders. Schau dir eine Stromleitung an. Durch diese strömen 220V, richtig? So, erkläre mir das jetzt bitte, wie dieser Strom „krank" werden kann? Er kann nur* *unterbrochen oder abgeschaltet werden aber niemals „defekt" sein, bzw., „krank". Die Leitung kann durchschmoren, aber Strom an sich fließt weiter und bleibt dabei, das was ist, ENERGIE!"*

ICH: Ein sehr interessanter Vergleich. Ich möchte jetzt, dass du mir etwas zum Begriff SELBSTWERT sagst. Dieser scheint als Thema vielen Menschen zu sein, bzw. viele menschliche Körper erkranken aufgrund seines Mangels.

MHS: *„Ihr seid der Meinung, dass Ihr nach eurer Leistung bemessen und bewertet werden solltet. Diese Kondition gehört leider immer noch zu eurer inneren Haltung. Schaut bitte genau, was euch dazu bewegt, diese Haltung weiterhin noch beizubehalten? Stammt diese von euch Selbst oder wurde sie euch durch eure Eltern in euer Bewusstsein eingeprägt? Eure Denkweise sagt euch, dass Ihr nur dann etwas wert seid, wenn Ihr einen guten Schulabschluss, Beruf, Titel, Status oder sehr viel Geld habt. Für euch ist das Geld der Maßstab eurer Werte. Nun, fragt euch mal, wo eure Selbstliebe geblieben ist? Ist diese von euren materiellen, bzw. egozentrischen Vorstellungen abhängig? Denn, wenn Ihr euch SELBST nicht liebt, wie wollt Ihr dann "euren nächsten" lieben und ehren? Das Materielle trennt euch von der LIEBE, denn Ihr liebt nur, wenn Ihr es besitzt und wenn Ihr es besitzt, dann denkt Ihr, Ihr könntet auch "euren nächsten" besitzen. Und diese Tatsache ist der Anfang von jeder Art der Trennung, vom Partner, Freund, Familie.......*

Anderseits ist das Geld eine wunderschöne ENERGIE und ist auch eine der vielen Schöpfungen deines VATERS, ja Geld und LIEBE gehören zusammen und haben den gleichen Ursprung, GOTT VATER MUTTER: Nur durch den menschli-

chen Missbrauch dieser Energie, hat das Geld einen negativen Impuls bekommen. Euren seelischen Mangel versucht Ihr durch das Geld auszugleichen, und damit missbrauchst Ihr euch SELBST aber auch diese wunderschöne ENERGIE. Das Geld kann euch die Liebe nicht schenken, es kann nur zur einen vorübergehenden Selbstbefriedigung führen, aber euer Mangel wird weiterhin existent und anwesend sein. Das Geld verlangt eine Leistung, sagt Ihr, aber seht Ihr wirklich in dieser Leistung euren wahren WERT an? Die Wahrheit ist, Ihr braucht und müsst gar nichts tun, um geliebt zu werden. Ihr seid und bleibt eine wunderschöne Schöpfung euren Vaters und nur auf der Verstandesebene "tut Ihr gar nichts" aber auf der Seelenebene ist ein "NICHTSTUN" nicht möglich. Die Entwicklung eures Verstandes hat einen eingeschränkten und reversiblen Charakter, dagegen ist die Entwicklung eurer Seele uneingeschränkt und kontinuierlich. Euer Verstand ist derjenige, der zwischen eurem Status und wahrhaftigen SEIN unterscheidet und euren Status und den materiellen Aspekt in Vordergrund stellt. Solange Ihr im Verstand seid, werdet Ihr glauben, dass mit dem Verfaulen euren Körpers auch Ihr „SELBST" verfault.

Also schickt euren Verstand in die Wüste und dann werdet Ihr folgendes feststellen: Wenn Ihr euch schön findet, werden euch auch andere begehren und attraktiv finden, wenn euer SELBSTWERT ausgeprägt ist, werden euch alle mit Respekt und großem Interesse begegnen. Ansonsten werdet Ihr immer wieder dem gleichen Thema begegnen, der gleichen Verletzung solange, bist Ihr es endlich begreift, dass das "Niedermachen" von euren Mitmenschen bzw. die "Angriffe" nichts anders ist als ein HINWEIS auf eure Verletzung und in diesem Fall ist das euer SELBSTWERT. Vergisst alle Aspekte des Verstandes wie Geld, Status, Titel, weil wenn euer

"HIERSEIN" zu Ende geht, werden alle diese Aspekte auf der Erde bleiben, verblassen und den WERT verlieren, aber Ihr als Seele werdet immer weiter glänzen und strahlen. Daher nutze dieses Gespräch von heute und JETZT und erkenne, dass du das wertvollste Wesen im Universum bist...."

ICH: Wow, das hast du jetzt wirklich toll formuliert. Und das ist eine wirklich der wichtigsten Themen heute. Danke noch mal für so eine liebevolle und ausführliche Antwort. Jetzt möchte ich wieder zurück zum Thema, Kinder zurückkommen. Die Kinder, die ohne Eltern oder einen Elternteil aufgewachsen sind oder aufwachsen, haben, bzw. sind im „Besitz eines Mangels", der sich durch deren ganzes Leben, wie ein Faden, durchzieht. Dieser Mangel projiziert sich auf viele und wesentliche Lebensbereiche, Ebene und macht denen das Leben ziemlich schwer. Nur wenige von denen sind dazu bereit, „diese Sache an den Kopf zu packen" und sich mit dem Thema auseinanderzusetzen. Meistens wird das verdrängt, „irgendwo gelagert" und gar nicht aus der Tiefe heraufgeholt. Mich interessiert, wie du das siehst und ob du ein paar Tipps für die Eltern hättest, die diese schwere Aufgabe, meistern sollen. Mir ist es aber auch aufgefallen, dass auch viele Kinder, die aber beide Eltern haben, trotzdem ähnliche Schwierigkeiten haben, wie die Elternlosen Kinder.

MHS: *„Eine sehr gute Beobachtung! Es kommt tatsächlich selten vor, dass sich ein solcher Mensch, seinen eigenen Schmerz „freiwillig" anschaut. Es gehört viel Mut dazu, das Ganze „auszupacken", in die Hände nehmen und mit viel Liebe anzuschauen. Dann lass uns das Leben solcher Menschen unter die Lupe nehmen. Zuerst ist es wichtig die Eltern selbst anzuschauen, deren Kindheit, Mängel und Schmerzen,* *die Sie auf ihren Nachwuchs energetisch übertragen. Der eigene Schmerz wird die Eltern verhindern, den Nachwuchs zu „sehen". Die „Beschäftigung mit sich selbst" und dem eigenen Schmerzkörper wird zu einer Vernachlässigung der Kindern führen, die dann nach einer negativen Aufmerksamkeit schreien. Die Liebe, die das Kind dann beispielweise von seiner Mutter „verlangt" existiert nicht mehr. Es existiert nur noch eine leere und mit dem schlechten Gewissen erfüllte Mutter, die nur noch krampfartig versucht ihren eigenen Schmerz zu stillen. Die Mutter denkt aber, dass sie durch die Einkäufe von Kleidung-und Spielsachen, diesen Schmerz des Kindes „betäuben" könnte, und damit alles wieder in Ordnung sei. Das ist das größte Missverständnis. Das Kind fühlt sich aber alleine und entsprechend seiner Lebenssituation entwickelt sich zu einem „lieblosen" egoistischen, und aggressiven Menschen. Du fragst dich jetzt bestimmt, wozu das alles, und warum zeugen solche Menschen die Kinder, wenn sie nicht beziehungsfähig sind? Diese Beziehungsunfähigkeit ist meistens eine Projektion der Eltern. Also solche Menschen projizieren ihre beziehungsunfähigen Eltern. Liebe kann man nicht kaufen, erwerben, leasen, leihen, klauen. Sie ist eine Energieform, die mit dem Handeln, nicht zu tun hat. Es ist der Samen aus dem Ihr gezeugt wurdet."*

An diese Stelle entstand eine lange Pause. Mich erfüllte eine Stille und meine innere Stimme meinte, ich sollte jetzt das bereits Besprochene aufarbeiten und innerlich fühlen. Alles klang so irgendwie bekannt, als ob ich mich Schritt für Schritt an ein altes Wissen erinnern würde, das ich vergessen habe. In der Zeit beobachtete ich meine Mitmenschen, deren Verhalten, Ereignisse und dadurch entstand eine neue Reihe an Fragen...

Kapitel VIII

ICH: Ich möchte die Themen wie Verlust, Trauer und Tod ansprechen. Diese drei Begriffe haben eine „Macht" in unserer Gesellschaft und werden sehr ungerne behandelt und angesprochen, also gelten als Tabu. Was kannst du mir dazu sagen? Warum fühlt man sich in solchen Momenten „ganz alleine"? Und warum entsteht dadurch ein sog. „seelischer Schmerz"?

MHS: *„ Alle diese drei Begriffe haben einen gemeinsamen Nenner: „TRENNUNG"! Alle drei Begriffe bezeichnen eure Trennung von euch selbst und eurer Göttlichkeit. Durch das körperliche Ableben kommt es zwischen euch zu einem energetischen „Riss". Auf einmal findet der energetische Austausch zwischen euch nicht mehr statt. Das führt automatisch zur Entwicklung des Schmerzkörpers. Nun, stellt sich die Frage, wie so etwas überhaupt möglich sei? Ihr seid beseelte Wesen, die wissen, dass der Tod gar nicht existiert."*

ICH: Ok, das begreife ich schon, nur diese Traurigkeit, Schmerz, warum sind sie da, wenn wir wissen, dass einer von uns wieder „nach Hause fährt"? Normalerweise müssten wir uns freuen und nicht in einen seelischen Schmerz verfallen, denn energetisch bleiben sie uns erhalten nur körperlich nicht.

MHS: *„Euer Verstand hält nur das für REAL, was anzufassen möglich scheint. Er ist wie eine Krake, die alles anfassen will, um es zu spüren, ob dies echt, bzw. real ist. Von ihm werden die Sachen, die nicht „berührbar" sind, nicht akzeptiert. Für solchen Sachen hat „er" ein besonderes Adjektiv* *namens „ABSTRAKT" erfunden. Und so halten viele von euch die Sachen, die real sind, für eben „abstrakt". Wenn Ihr euch von „IHM" nicht beherrschen lassen würdet, würden alle eure Unterhaltungen auf einer anderen Ebene geschehen, auf der Ebene der Seele. Dann wüsstet Ihr, dass so eine Trennung, der körperlichen und nicht der seelischen Natur ist und so eine Transformation würdet Ihr niemals als Verlust auffassen, bezeichnen und fühlen, sondern eher als ein SEGEN."*

ICH: Das würde bedeuten, dass der Verstand eine „INFEKTION" ist, die über Generationen übertragen wird?

MHS: *„BINGO"!!!*

ICH: Also, wenn wir uns „trennen", trauert unserer Verstand?

MHS: „Nein, es trauert die „besetzte" Seele.

ICH: ??????

MHS: *„Euer Verstand „besitzt" eure Seele und die Seele ist durch seinen Einfluss verblendet, hypnotisiert. Sie kann sich aufgrund dessen nicht an den Ursprung des ihren SEINS erinnern. Sonst wüsstet Ihr, wer und was Ihr wirklich seid."*

ICH: Ich versuche es zusammenzufassen. Alle unsere Gefühle sind ein Produkt des unseren Verstandes. Das Wort „Gefühle" vermute ich auch, wurde vom Verstand als Begriff erfunden. Die „Gefühle" brachten viele Menschen zu diversen Handlungen, die zum deren inneren Ungleichgewicht führten. Wut, Trauer, Hass, Eifersucht, brachten nach meinem Wissen keine „Erleuchtung" ins Leben der Menschheit. Daraus entstanden eher die Morde, Kriege und ewige Streitigkeiten, die sich sogar über die Generationen hinausstreckten. Also der Verstand ist der Krebs und die Gefühle sind seine Metastasen.

MHS: *„Besser hätte ich selber auch nicht ausdrücken können. Du hast es wirklich auf den Punkt gebracht. Eine Seele, die im Gleichgewicht ist, kennt diesen Begriff, „Gefühle", nicht. Sie erkennt diese Umstände eher als niedrige Schwingungen und versucht diese in die höhere Ebenen zu transformieren. Wenn sie merkt, dass diese niedrigen Schwingungen nicht leicht zu transformieren sind, geht sie in die Position des „Beobachters", der ihr mitteilen soll, ob es um einen ihrer Lernprozesse handelt oder nicht. Eine weise Seele wird sich auf jedem Fall diese Schwingungen anschauen und damit jegliche Art von der Störung verhindern, die sich irgendwann auf der körperlichen Ebene in der Form einer Krankheit manifestieren könnte."*

ICH: Es ist manchmal sehr schwierig ein Beobachter zu sein. Gibt es eine andere Möglichkeit außer einem Beobachter zu sein? Und warum ist es so wichtig LOSZULASSEN?

MHS: *„Und die Antwort lautet wieder: HINGABE!!! Nichts auf „dieser Welt" ist wirkungsvoller als die HINGABE. Alles anderes ist ein Kampf gegen euch selbst. Du schreibst dieses Buch nicht aus dem Grund, weil du deine Mitmenschen überzeugen, oder belehren möchtest, sondern weil du denen eine andere Sichtweise dieser irreal erschaffenen Welt „eröffnen"* *willst. Die Stärke liegt nicht in der Kunst, die Anderen zu überzeugen, sondern in der Tatsache die HINGABE zu erkennen und in dieser zu verweilen. Du kannst und wirst „diese Welt" nicht retten können. Kennst du jemanden, der schon mal eine Illusion gerettet hat?" Die Menschen, die nicht loslassen können befinden sich sowohl körperlich als auch geistig in einem Krampf und einer Starre, die jegliche energetische Kommunikation mit „Außen" unmöglich machen. Ihre Anziehungskraft ist gleich NULL. Nichts geht mehr, nichts mehr kann „angezogen" werden. Sie sind ständig in einer Kampfbereitschaft, die nach außen nur noch aggressive, angstvolle und gereizte Schwingungen sendet, die nichts Positives erreichen."*

ICH: Das ist eine sehr hilfsreiche Erklärung, danke dir. Ich möchte jetzt zu einem anderen Thema wechseln. NEW AGE? Esoterik, Channelings? Was kannst du mir dazu sagen?

MHS: *„Es ist eine Ablenkung von eurem wahrem Selbst. Ihr werdet dadurch von eurem eigenen Wissen, dass in euch verankert ist, abgelenkt. Warum? Weil Ihr aus reiner Bequemlichkeit, die sog. „Lehren" verfolgt und noch dafür sehr viel Geld zahlt. Ihr schaut nicht bei euch selbst und sucht nicht nach eigenen Antworten. Ihr besucht viele sehr teure Seminare, die euch gar nichts bringen, außer einem Zertifikat, das euer Ego befriedigt und eurem Verstand einen Status verschafft. Die Folge dieser Ablenkung bzw. Ihrer Bequemlichkeit ist eine Stagnation in der Entwicklung eures Wesens. Alle Seminare, die hier auf diesem Planeten eurer Entwicklung „dienen" sollten, müssten auch preislich jedem von euch zugänglich sein. Ist das der Fall? Natürlich nicht. Viele von Euch werden jetzt gerade in diesem Moment (in der Zeit, wenn dieses Buch geschrieben wird) feststellen, dass viele esoterische Darstellungen oder „Lehren" gar nicht*

„funktionieren". Dieses wird viele von Euch verwirren und Ihr werdet nach Aufklärungen suchen, die Ihr nicht finden werdet. Wenige von Euch werden wie bisher nach „Innen" schauen und die Wahrheit erkennen. Und die Wahrheit ist und bleibt immer im Inneren verborgen.

ICH: Du meinst, diese ganze esoterische Bewegung wäre nichts anderes als eine absichtlich erschaffene Verwirrung? Oder eine Präsentation des gefälschten Wissens, der uns alle von unserem wahren Wissenskern fernhalten soll? Moment, was ist mit diesen allen Menschen, die sich als spirituelle Lehrer oder Heiler bezeichnen? Sind diese auch als eine „Quelle der Desinformation" zu benennen? Ich sah und empfand eine Art der Komplexität in deren „Lehre". Ihre Ausdrucksweise ist für viele Menschen als sehr abstrakt zu bezeichnen und dies führt zu noch mehr Verwirrung.

MHS: *„Zu deiner ersten Frage, lautet die Antwort „JA". Euer ganzes Wissen ist in EUCH und nicht um euch herum. Ihr seid das Wissen und nicht die eure Umgebung. Diese ist nur die Projektion eures Wissens. Ihr braucht weder die Seminare noch spirituelle Lehrer. Aus reiner Bequemlichkeit und dem Mangel an der wahren inneren Kraft, sucht Ihr die Unterstützung im Außen, in der Hoffnung den Sinn des Lebens zu erkennen. Ein wahrer „spiritueller Lehrer" wird sich niemals „betiteln" lassen. Er strahlt die wahre Kraft aus und mit seinem inneren Wissen dient und begleitet er seine Mitmenschen in schwierigen Lebenssituationen. Genau das Gleiche macht auch ein Heiler. Das Hauptziel darf niemals einer Bereicherung des Heilers bzw. Lehrers dienen. Natürlich sind sehr viele Desinformationen „unterwegs". Hinter diesen steckt auch eine Bereicherung. Viele von euch lassen sich ein-*

fach sehr leicht verblenden und dabei merken sie nicht mal, dass sie in die Sackgasse geführt werden. Und diese Sackgasse zeigt sich gerade jetzt in ihrer stärksten Form. Viele von Euch stehen vor einer Mauer und kommen nicht weiter. Was ist überhaupt noch wahr, fragt Ihr euch?! Es ist richtig, die Komplexität ist nicht gechannelt sondern erfunden, weil das EGO immer noch präsent ist. Wenn du deinem Bruder oder deiner Schwester helfen willst, dann wirst du es auch so darstellen, dass sie es auch begreifen, ohne sich Selbst dabei wichtig zu machen. Du wirst aus dem Herzen handeln und nicht mehr aus dem Verstand oder Ego. Viele dieser „spirituellen Lehrern" und „Heiler" ohne jetzt deren Namen hier zu erwähnen, sind immer noch unter dem Einfluss des Ego, den sie bedingungslos verdrängen."

ICH: Gut, was wäre dein Rat diesbezüglich? Und was ist dann eigentlich der wahre Sinn des Lebens hier?

MHS: *„Hört nur auf das „Innere". Jede Frage, die Ihr habt, wird immer in einer Form beantwortet werden. Wenn Ihr so eine Frage stellt, dann geht bitte in die Achtsamkeit und die Antwort wird sich offenbaren. War`s bei dir anders?" Der Sinn des euren Lebens hier? Es gibt keinen!!! Nach dem Sinn des Lebens sucht nur der Verstand aber nie eine Seelenform. Der Verstand fühlt sich „hier" verloren und die Seele ist hier, um die Entwicklung diesen Planeten durch ihre eigene Schwingungsfrequenz zu unterstützen. Ja, es ist richtig, dass viele von Euch sehr niedrig „schwingen" und eher einer Stagnation als Entwicklung beitragen, aber diese Tatsache ändert trotzdem nicht die vorherige Aussage. Ihr seid als reine Energieform mit solchen Fähigkeiten ausgestattet, die hier keine „Erfahrung" zu machen braucht. Eine Umsetzung eurer vergessenen Fähigkeiten auf diesem Planeten, um den voran zu bringen, entspricht eher einem Sinn eures Aufenthaltes hier, als einer Erfahrung. Ihr „landet" hier schon als*

„erfahren, wissend und voller Liebe. Die Programme bzw. Konditionen, deren Ihr hier unterzogen werdet, verblenden alle Ihre Erinnerungen an euren Wesen. In den manchen Büchern wird dies als „Schleier des Vergessens" genannt. Was für ein Märchen?!."

ICH: Du meinst jetzt, dass „jemand" unsere Existenz hier kontrolliert und absichtlich sabotiert? Oder erschwert die höhere Schwingung unseren Seins hier? Du redest bestimmt über einer anderen Präsenz auf diesem Planeten oder? Ist im Universum tatsächlich alles so harmonisch und liebevoll, wie manche es in ihren Büchern schreiben?

MHS: *„So ist es. Ihr werdet benutzt, besetzt, und ausgebeutet. Diese Präsenz dient nur sich selbst aber eurem Planeten nicht. Es ist denen nicht im Interesse, euren Planeten nach vorne zu bringen, sondern maximal auszuschöpfen und danach verlassen. Diese Form der Präsenz habt Ihr auch in euren Beziehungen.".*

ICH: Gut dass du es ansprichst. Sag mir bitte noch, was du bezüglich unserer Liebesbeziehungen siehst?

MHS: *„Könntet Ihr eine Beziehung ohne irgendwelche Bedingungen, eingehen? Oder anders formuliert: „Könntet Ihr eine Beziehung ohne Einsatz eures Verstandes eingehen?"*

ICH: „Du meinst, so richtig blind ohne „wenn und aber"?

MHS: *„Ja genau so, ohne „wenn und aber"!*

ICH: Ups, das könnte sich für sehr viele als schwierig erweisen.

MHS: *„Sicher, weil Ihr so konditioniert seid. Und wenn Ihr anders „funktionieren" solltet, dann werdet Ihr als dumm, naiv und unerfahren abgestempelt. Hört einfach auf euer Herz!!"*

ICH: Hmm, das habe ich schon sehr oft gehört. Aber wie sollen wir handeln, wenn wir jemanden lieben und merken aber gleichzeitig, dass dieser jemand nur „auf unsere Kosten lebt"? Ich meine, die Liebe ist dann nur noch einseitig anwesend oder?

MHS: *„Dann ist das nicht die Liebe und die Tage des „Zusammenbruches" auf dieser Basis aufgebauten Beziehung sind gezählt. Ihr wählt euren Partner selbst und entweder wählt Ihr Liebe oder Leid, aber für beides seid Ihr selbst verantwortlich und nicht der Andere oder die Anderen. Eine Beziehung macht Ihr selbst zu einer Komplexität. Es fängt schon bei der Wahl euren Partner an. Er/Sie muss dies und das haben, erfüllen etc. Das bedeutet, Ihr geht dann so eine Beziehung an, die bereits beendet ist und wenige von euch merken das nicht mal. Danach seid Ihr tief verletzt und enttäuscht?! Das ist eine paradoxe und total absurde Einstellung, die Ihr euch über Generationen angeeignet habt. Solange Ihr es nicht lernt „in eurem Herzen zu leben " und aus dem die Entscheidungen zu treffen, wird jede Art der Beziehung scheitern. Ihr habt ein tolles Wort erfunden: „Kompromiss!!" Was ist ein Kompromiss? Eine Erlaubnis etwas tun zu dürfen? Oder eine Vereinbarung, oder ein Vertrag? Wer braucht einen Vertrag bzw. eine Vereinbarung?? Die zwei Menschen, die sich lieben???? Nein, euer Verstand braucht das."*

Kapitel IX

ICH: Was ist mit den Menschen, „die einem das Leben schwer machen"?

MHS: *„Diese Menschen „machen einem das Leben nicht schwer", sondern handeln nach Ihrer Vorstellung, die in Ihren AUGEN als korrekt erscheint. Es sind Menschen, die durch harte Erfahrungen in Ihrer Entwicklung stehen geblieben sind und sich ganz Ihrem Schmerzkörper überlassen haben. Es ist deren Schmerzkörper, der für sie handelt und nicht deren Seele. Diese Menschen wollen auch aus diesem Körper nicht heraus, weil es sehr viel Kraft kostet, diesen anzuschauen. Die alten esoterischen und spirituellen Lehren sprachen über einem Mitgefühl, dass man für diese Menschen haben sollte. Es ist auch sinnvoll jeden in seinem Prozess zu unterstützen, aber genau so sinnvoll ist es auch diese Menschen loszulassen, denn sie haben diesen Zustand als Dauerzustand gewählt und sie senken den Energielevel von dem „Unterstützer" in so einem Ausmaß, den sich niemand von euch vorstellen kann. Ab dem Moment, wenn du es merkst, dass jemand nicht bereit ist „mitzugehen", überlasse diesen seinen Entscheidungen und dementsprechend Konsequenzen, die danach erfolgen. Das ist nicht egoistisch, sondern wachstumsfördernd. Und ein Mitgefühl entspricht einem Moment und nicht einer Ewigkeit. In der Ewigkeit entsteht MITLEID und dadurch ein totaler energetischer Absturz."*

ICH: Was hältst du vom Begriff „Machtlosigkeit"?

MHS: „ *Sie ist die Aufforderung zur Hingabe. Statt zu schauen, was sich hinter so einem Zustand verbirgt, beschwert Ihr euch darüber, und bei dieser Beschwerde bleibt es auch. Ihr sucht nach einer Zauberformel und habt die große Hoffnung, dass diese euch eines Tages in eure Hände „landet". Schaut einfach mal bei euch selbst und fragt euch, was Ihr in solchen Situationen machen könnt? Lass es uns mal genau dieses Wort „Machtlosigkeit" anschauen. Macht/Losigkeit? Was kannst du erkennen?"*

ICH: Dass wir über einer bestimmten Situation oder Lage keine Macht bzw. keinen Einfluss auf diese, haben.

MHS: *„BINGO!! Warum kämpft Ihr dann gegen diesen Zustand? Ich sagte bereits, ein Kampf führt NUR zu einem Krampf!!!! Solche Situationen entstehen nur aus einem einzigen Grund: HINGABE!!! Ihr werdet jedes Mal dazu „gezwungen" sich in diesen Zustand zu begeben, aber Ihr begreift es nicht und reagiert mit einer Wut, die euch dann „auf den Magen schlägt"!!! Statt diesen Zustand so hinzunehmen, so wie er ist, „geht Ihr buchstäblich auf die Decke" und merkt danach, dass es nichts gebracht hat. Ihr denkt, dass eure Wut so eine Situation verändern kann? Wie denn? Natürlich hat die Wut als Gefühl eine gewisse Energie, nur diese kann einen Lernprozess nicht verändern!!!! Jede entstandene Situation, die euch keine Freude bereitet, ist eine Aufforderung zum Lernprozess!!!*

ICH: In der letzten Zeit begegne ich den Menschen, die sehr frustriert, unzufrieden, gereizt und einfach unglücklich sind. Kannst du mir etwas dazu sagen?

MHS: „*Diese Menschen „drücken" sich von der Ihren eigenen Verantwortung weg. Auf einmal stehen sie „ganz alleine
da" und suchen die Schuldigen, die deren Zustand „verursacht" haben. Und dabei haben sie ganz großen Erfolg, denn
ihrer Meinung nach trägt fast jeder aus deren Umfeld min-
destens ein Atom an der Schuld für den Zustand in den sie
hineingeraten sind. Nur sie selbst sind als Opfer anzusehen
und sind mit sehr viel Mitleid zu behandeln. Ja du hast es
richtig verstanden, Mitleid. Sie wollen nicht das Mitgefühl,
sondern MITLEID! Und so „baden" sie in so einem Mitleids-
bad und haben keinerlei Interesse daraus auszusteigen, denn
diesen „Genuss" wollen sie nicht so einfach aufgeben. Wenn
du diese Menschen auf ein Thema ansprichst, wirst du von
denen fast immer eine „positive" Antwort erhalten, die dich
selbst daran hindern sollte diesen Zustand zu verändern.
Was du dagegen tun könntest?"*

ICH: ?????

MHS: „*Um ganz ehrlich zu sagen, NICHTS!! Sie haben diesen Zustand gewählt und sie können es nur selbst verändern.
Es klingt für dich vielleicht hart, aber nur du selbst kannst
nur deinen Zustand beeinflussen und verändern. Solche
Menschen haben sich einfach festgefahren, wollen es aber
nicht so betrachten, weil es schmerzt. Sie wollen aber auch
dafür nichts tun und so bleiben sie in diesem Zustand, der
das Jahr für Jahr schlimmer und unerträglicher wird. Danach kommt nur noch eine absolute Blockade der eigenen
Wahrnehmung. Der Schmerzkörper hat die absolute Kontrolle übernommen und wie du es oft sagst, „sie merken ja
gar nichts mehr"......Dazu kommt noch die Identifikation der
Schuld, seine, ihre, etc.. nur eigene Verantwortung wird
nicht in Betracht gezogen.*

ICH: Ja das stimmt, wenn ich wütend bin, dann kommt so ein Spruch über meinen Lippen. Also, es ist keine direkte Lösung möglich, sondern liegt es an der Bereitschaft des Anderen seinen Zustand zu verändern oder nicht.

MHS: *„Du kannst die „anstupsen", und das ist alles, also dazu bewegen, dass sie aufwachen, es erkennen und immer auf eine sanfte Art, sonst geht auch das „Anstupsen" an denen vorbei. Und ja das Mitgefühl wie wir es schon besprochen haben, ist nur ein Moment und kein konstanter bzw. dauerhafter Zustand.*

ICH: Jetzt habe ich ein sehr interessantes Thema und hoffe, dass du mich dabei aufklären kannst?

MHS: *„Bin ja ganz Ohr!!!"*

ICH: Es geht um die Familienaufstellung. Deine Sichtweise würde mich sehr interessieren.

MHS: *„Also es wird in einem übertragenen Sinne von einem „Tragen der Seelenlast" gesprochen und es ist sehr oft zu hören, dass jemand eine schwere Last, Bürde auf sich genommen hätte und daher so krank und unglücklich wäre...Nun lass uns zum Kern des Ganzen kommen. Alles, was Ihr in eurem Energiefeld „gespeichert habt", wird weiter an den Nachwuchs oder auch Partner weiter gegeben.. Jedes Trauma, Verletzung bleibt im Feld und wird von euch nicht mehr gesehen. So oft werdet Ihr darauf angesprochen", durch immer wiederkehrende Situationen, aber Ihr begreift es nicht, warum diese sich immer wiederholen. Ich sehe bei dir be-*

reits, deine nächste Frage? Wie werden wir diesen gespeicherten Materials wieder los? Hast du mal zwei kämpfende Enten beobachtet oder zwei Hunde, die sich aufeinander gestürzt haben? Was ist danach passiert?

ICH: Die Hunde schüttelten sich danach und die Enten genauso oder?

MHS: „Richtig!!! Sie sperren diesem in dem Moment entstandenen „Gefühl" den „Zugang" zum eigenen Energiefeld zu!!! Schüttelt euch danach!! Diese „Schütteln" könnt Ihr täglich praktizieren entweder in der Begleitung eines Musikstücks oder ohne. Und jetzt zurück zum Thema.

Aus Liebe zu Eltern, Großeltern, Onkels usw. ein Leid auf sich zu laden, übernehmen und diesen Ballast durch das Leben zu tragen, wird eine Seele niemals machen. Jeder von Euch ist für seinen eigenen Schmerz, Trauma, Erfahrung zuständig und nicht der Andere, vor allem NICHT der Neugeborene. Die Energie, die kleine Kinder, Babys brauchen, holen sie sich von den Eltern!!! Richtig gehört und gelesen!!! Von den Eltern!! Die Babys, Kinder „saugen" buchstäblich das Energiefeld der Eltern an und so bauen sie sich eine starke Bindung auf. Dabei wird der Schmerz der Eltern „abgesaugt und eingesaugt" in das eigene Aurafeld des Kindes. Mit einer Liebe zu den Eltern, hat dies nichts zu tun, es ist ein reiner Überlebensprozess!!!! Die Folge ist dann dieses „Tragen des Ballastes". Wäre, für dich jetzt in Ordnung, Bspw. für deinen Opa aus Liebe zu ihm sein „Mist", das er selbst zu verantworten hat, zu tragen?"

ICH: Klingt logisch und weiter?

MHS: „ *Nur, du liebst deinen Opa und pflegst zu ihm viel-leicht einen intensiven Kontakt seit deiner Geburt. Es ent-steht eine starke Bindung zwischen euch beiden. Dabei musst du aber das folgende bedenken. Das Energiefeld eines Er-wachsenen ist stärker als eines Kindes bzw. Babys. Die Kin-der werden auch von den Großeltern das Feld „anzapfen", um ihren eigenen Energielevel halten zu können. Und dabei wird nicht immer das „Beste" angezapft. So „erleichtern" die Kinder ihre Eltern bzw. Großeltern. Ich würde es als eine Art des „Missbrauchs" seitens eines Erwachsenen bezeichnen können.* "

ICH: Also, man kann hier über eine „Konfliktübernahme" reden?

MHS: „*Korrekt. Die Kinder werden einfach mit dem negati-ven Energiefeld eines Erwachsenen „überrollt". Nein, die Kinder werden dabei nicht „gefragt", ob sie „diese Energie" haben wollen oder nicht. Da die Kinder permanent an das Feld der Eltern „angeschlossen" sind, bleibt denen keine an-dere Möglichkeit als „dies auf sich zu nehmen."* "

ICH: Gut, aber was ist mit den Familienmitgliedern, die von der Familie abgestoßen wurden? Ich las selbst, dass sich sol-che Fälle auch auf die neugeborenen Kinder projizieren. Man redet dann vom „nicht Ehren" des Familienmitglieds. Das Kind macht dann durch bestimmte „Auffälligkeiten" aufmerk-sam auf das verstoßene Familienmitglied. Worum geht es denn hier?

MHS: „*Ein Kind wird mit so einem Feld gezeugt, weil diesen Konflikt der Vater oder die Mutter im eigenen Energiefeld* *mit sich herumschleppen. Dies bedeutet, dass die Kinder schon damit auf die Welt kommen. Der Schmerzkörper oder Konfliktkörper der Eltern „überträgt" sich bereits während der Zeugung auf den Nachwuchs. Und das Kind WIRD DIESEN KONFLIKT DURCH EINE „AUFFÄLLIGKEIT" PROJIZIEREN. Also es ist keine Solidarität, sondern eine Projektion des Konfliktes".*

ICH: Wenn du schon Kinder erwähnst, fällt mir gerade eine andere Frage ein. Warum geben die Kinder meistens einem Elternteil die Schuld für eine Trennung oder warum denken sie, dass sie selbst die Auslöser für eine Trennung Ihrer Eltern waren?

MHS: *Die Kinder, die einer Manipulation unterliegen, erzeugen bei einem Elternteil die Schuldgefühle. Dass sich die Kinder als Auslöser für eine Trennung deren Eltern ansehen, liegt einfach darin, dass die Eltern ihre eigenen Schuldgefühle auf das Kind projizieren und übertragen, so dass das Kind diese als eigene Schuldgefühle wahrnimmt."*

ICH: Das ist ein sehr komplexes und vor allem ziemlich festgefahrenes Thema.

MHS: *„Und Ihr seid die Schöpfer dessen Thema."*

Kapitel X

Nach der letzten Antwort entstand eine Pause von über 4 Monate. Ich war selbst innerlich abgelenkt und verwirrt, begriff überhaupt nicht, worum es im Moment ging. Irgendwann stellte ich fest, dass ich Selbst in einem Transformationsprozess stecke, ohne es gemerkt zu haben. Es entwickelte sich wieder eine Machtlosigkeit, die buchstäblich nur noch nach HINGABE schrie. Und nun, fragte ich natürlich mal wieder, was das Ganze hier mal wieder sollte? Ständig hatte ich das Gefühl, ich würde mich im Kreis drehen?? Aber warum?

MHS: *„Und wieder in der gleichen Situation? Machtlosigkeit, wie ich bereits sagte, ist eine Aufforderung zur HINGABE. In der Machtlosigkeit erfährst du die STILLE deines JETZT. In diesem Moment ist und wird alles unwichtig, nur dieser Moment existiert, weil alles in diesem Moment geschieht und durch das Geschehen zur Manifestation gebracht wird. Es ist die Stille, die du fühlst und hörst. Sogar dein Atem ist stehen geblieben, weil deine Aufmerksamkeit auf das Jetzt gerichtet ist. Du schaust dir deinen Körper an, der dir in dem Moment irgendwie entfremdet, verloren und ohne Funktion vorkommt. Ja, du genießt diesen Zustand des Betrachtens, in dem ein NICHTS eine Rolle spielt. Es ist einfach da, unverfälscht und roh. Du bist zu einem Teil dieses Zustands geworden. Es verlangt von dir, dass du dich endlich anschaust und erkennst. Ja die Machtlosigkeit ist mächtig und du staunst gerade darüber. Sie ist nicht nur eine Hingabe, sondern auch ein Zustand des Verweilens bei deinem Selbst. Daher heißt sie jedes Mal herzlich willkommen, wenn sie dich aufsucht.“*

ICH: Ja, nur die Umsetzung fällt nicht immer so leicht. Lass uns bitte über das Manifestieren reden. Es wurden bereits mehrere Bücher darüber geschrieben.

MHS: *„Was möchtest du manifestieren"? Reichtum, Erfolg oder Ruhm?"*

ICH: Ja, so was in der Art...

MHS: *„Das geht aber nicht!"*

ICH: ??? Wie meinst du das, es würde nicht gehen?!

MHS: *„So wie ich es meine, es geht nicht. Es ist eine der größten Illusionen, die Ihr euch „unterworfen" habt. Jeder von euch hat in seiner Inkarnation einen Plan zu verfolgen. Ja, manche sind tatsächlich mit solchen Begriffen „ausgestattet", weil sie diese Eigenschaften, für die Erfüllung Ihres Inkarnationsplans benötigen. Nur, wenn dies wirklich für eine Inkarnation nicht vorgesehen ist, dann kann derjenige bestimmte Übungen zum Manifestieren „bis er grau wird" ausüben, er wird es trotzdem nicht „erreichen".*

ICH: Es ist also ein Quatsch, oder?

MHS: *„So ist es...... Und Reichtum, Erfolg oder Ruhm, können ein ganz anders Bild haben, als das was sich die meisten von euch „hier" vorstellen können. Diese Begriffe müssen nicht immer einen materiellen Ursprung beinhalten."*

ICH: Das sehe ich auch so. Nur viele sind der Meinung, dass deren „Anwesenheit" hier nur noch damit zu tun hat, erfolgreich, reich oder berühmt zu sein.

MHS: *„Das Thema haben wir bereits angeschnitten aber nun zuerst möchte ich etwas über eurem Planeten sagen. Wie ich es bereits sagte dieser Planet ist mit den verschiedenen*

Seelen aus verschiedenen Universen beseelt. Hier sind sehr viele hochentwickelte Seelen am Werken, die diesen Planeten bei seiner Entwicklung unterstützen. Ja, das hast du richtig begriffen. Euer Planet ist wie ein Organ zu betrachten. Es pulsiert, schwingt, atmet. Das bedeutet, der Planet hat seine Schwingungsfrequenz, deren Höhe IHR MENSCHEN hier und Jetzt bestimmt. Und das tut Ihr schon tausenden von Jahren!! Die Anzahl der Unterstützer aus den anderen Universen auf diesem Planeten, hat sich in letzten 20 Jahren vervierfacht. Dadurch ist dieser AUFSTIEG, von dem so viele erzählen und berichten ermöglicht worden. Die Erhöhung dieser Schwingungsfrequenz ist sehr lange von den anderen Bewohner bzw. Besatzer diesen Planeten erschwert worden, weil die niedrige Schwingungsfrequenz eher Ihrem eigenen Schwingungsfeld entspricht, in dem sie schwingen. Ich weiß es nicht, ob es dir aufgefallen ist, dass ich den Begriff „Erde" überhaupt nicht verwendet habe?" Ich komme aber zurück auf deine Frage, warum Ihr hier seid?"

ICH: Aber sicher, nur ich wollte dich nicht unterbrechen. Was ist mit der „Erde"?

MHS: *„Ihr habt auch sehr viele Bücher über „Atlanter und Lemuria" geschrieben. Die Götter und Halbgötter, wie Ihr die genannt habt, bzw. nennt. Und ja Ihr sucht immer noch nach dem ATLANTIS? Um es kurz zu fassen, die Atlanter sind eure wahren Schöpfer, aber nicht viele blieben nach der Zerstörung der Zivilisation übrig. Die Besatzer diesen Planeten, schufen eine neue nach Ihrer Codierung Spezie, die als primitiv und sklavenhaft funktionieren sollte. Die atlantische Herkunft wurde als Begriff gelöscht. Niemand sollte sich an seine Herkunft erinnern bzw. wissen, dass die wahren Schöpfer, Götter hier je gelebt haben. Und dann wurde dem Planeten ein neuer Name verpasst: „DIE ERDE"!!!" Ihr seid hier, weil Ihr mit eurem kollektiven Bewusstsein, kollektiven*

Schwingungsfrequenz, euren Planeten in seiner Entwicklung unterstützen sollt."

ICH: WAAAAAAAAAAAAS???????

Hier entstand eine Pause und daher kam:

MHS: *„Hallo noch da?"*

ICH: Moment mal. ATLANTIS war eine Zivilisation, die auf einer Insel lebte. Und dann ist diese Insel versunken, wie auch immer aus welchen Gründen....oder gesunken oder zerstört???

MHS: *„Das einzige, was „gesunken war", war damals die Schwingungsfrequenz diesen Planeten. Es ist eine META-PHER!!!! Ihr könnt nach den „Resten des Atlantis" suchen, aber um ganz ehrlich zu sein, wie lange noch?*

ICH: Dies ist eine der unglaublichsten Theorien schlechthin, die ich in letzten Monaten, Jahren gehört habe. Wow....Jetzt habe ich total den Faden verloren. Was wollte ich überhaupt noch fragen? Ach ja Loslassen hast du sehr oft erwähnt?

MHS: *„Das Prinzip des Loslassens habe ich bereits erklärt. Wenn Ihr richtig loslassen wollt, dann müsst Ihr zuerst lernen euch richtig selbst zu lieben. Erst wenn die Selbstliebe gereift ist, könnt Ihr wahrhaftig loslassen. Alles andere ist Illusion und Selbstbetrug."*

ICH: Und jetzt will ich noch mal ein für vieles wichtiges Thema ansprechen...

MHS: *„Meinst Geld?"*

ICH: Richtig. Aus welchem Grund haben viele Menschen in diesem Jahr finanzielle Schwierigkeiten?

MHS: *„Lass uns das Wort „GELD" ein wenig näher anschauen:*

G eben

E mpfangen

L oslassen

D anken

In dem Wort „GELD" schwingen vier verschiedene Energiearten:

- Energie des Gebens
- Energie des Empfangens
- Energie des Loslassens
- Energie der Dankbarkeit

Alle diese Energiearten leiten sich von einem gemeinsamen
Nenner ab: die Selbstliebe. Kannst du mir folgen?

ICH: Nee, so richtig nicht?

MHS: „Nun, derjenige, der im Besitz der Liebe zu sich selbst
ist, ist wahrhaftig in der Lage zu geben, empfangen, loszulassen und zu danken. Das Geld ist nichts anderes als eine
Energieform, die „hier" ziemlich missverstanden wurde."

ICH: Jetzt muss ich nachdenken, hmm... Ich kenne ein Paar
Menschen, bei denen dieses überhaupt nicht zutrifft. Diese
sind zwar immer bereit zu „empfangen" aber zu „geben"???

MHS: „Das funktioniert aber nicht! Es ist eine oberflächliche
Beobachtung! Eine Energieform kennt keinen „Stillstand".
Du gibst auch die Energie ab, oder etwa nicht, denk darüber
nach? Sex? Sport? Arbeiten? Buchschreiben?! Diese
Menschen haben einen „Auspuff", wo sie Ihr Geld „lassen".
Die Menschen, die das Geld „aufhalten", blockieren den
Fluss, was hier bei euch zu einer „Inflation" führt und am
Ende haben sie ein „Nichts" davon."

ICH: Das könnte natürlich auch sein, deren Kontoauszüge kenne ich nicht.

MHS: *„Also, warum ist „in dieser Zeit" das „Geld" überall knapp? Weil „es" überall krampfhaft „festgehalten wird". Das Geld ist nicht im Fluss und daher sind die Menschen auch nicht mehr „flüssig". Dazu kommt es noch, dass das Geld in der Zukunft eine ganz neue Form bekommen wird."*

ICH: Und diese wäre...?

MHS: *„Körperlos und „leicht".*

ICH: ? Leicht?

MHS: *„Leicht im Sinne seiner Bedeutung".*

ICH: Bin ja mal gespannt. Jetzt würde ich gerne etwas über Schuldgefühle und dem schlechten Gewissen erfahren.

MHS: *„Es betrifft die Menschen, die in der Vergangenheit noch leben und nicht im Jetzt. Sie sind nie „hier", sondern immer in dem vergangenen Moment in dem die „Schuld" entstanden ist. Über Schuld haben wir bereits gesprochen. Eine Schuld ist immer in einer Begleitung vom schlechten Gewissen aber sie sitzt viel „tiefer" als das Gewissen. Sie ist der Schmerzkörper selbst, den das Gewissen immer wieder aktiviert."*

ICH: Wie können wir sie „beheben"?

MHS: *„Wie behebt man eine Störung im System? In dem man sich die Störung ganz genau „anschaut"."*

Kapitel XI

ICH: Kannst du mir etwas zu „Kornkreisen" sagen?

MHS: *„Sie entstehen als eine Projektion des Gedankens, sind aber kein Produkt des Gedanken eines Menschen, sondern haben einen, wie Ihr es hier nennt „außerirdischen" Charakter. Deren Anwesenheit zeigt, wie hoch die Macht eines hochentwickelten Geistes sein kann. Dabei geht es nicht darum, euch Menschen zu beeindrucken, sondern euch zu zeigen, auf welchen Stufe eurer Entwicklung Ihr euch immer noch befindet."*

ICH: Interessante „Sichtweise". Mir gehen langsam die Fragen aus?!

MHS: *„Das weiß ich. Ich sagte doch, es wird ein „Büchlein"!"*

ICH: Hast du eine Botschaft für die Menschheit?

MHS: *„Das SEIN des euren Wesens hinterlässt überall eine Spur der Verzweiflung. Erhebt euch in eurem Sein und öffnet eure Herzen, um die Liebe euren Vater, „Jetzt" in diesem Moment zu empfangen. Nur diejenigen, die in ihren Herzen „reine Liebe" aufbewahren, werden wahrhaftig seine bedingungslose Liebe spüren können. Die alle anderen werden verwirrt weiter wie ein Hamster im Kreis laufen. Ihr alle seid seine „guten und bösen" Kinder, die er aus reine, bedingungslose Liebe erschuf. Jedes Moment eures Seins, ist das Moment seines Seins. Egal, ob das für euch ein „gutes oder schlechtes" Moment ist, Er erlebt dieses Moment genau wie*

Ihr. Seine Sichtweise dieses Moments unterscheidet sich zwar von euren, aber die Erfahrung des Moments bleibt gleich. Das was Ihr erfährt, erfährt Er auch selbst. Seid Beobachter dieses Moments, das euch jetzt „bewegt" und segnet jede Schöpfung, die Ihr in diesem Moment erfährt. Denn diese ist Produkt eure gegenwärtige Sichtweise des gegenwärtigen Moments."

ICH: Danke dir für diesen wunderschönen Abschluss und bis bald!

MHS: „Dein neuer Projekt bereitet sich bereits auf seine Geburt."

Und so ging diese wunderschöne „Reise" zu Ende. Ich saß in meinem Sessel, lauschte dem Zustand des JETZT und fühlte eine Verbundenheit mit allem was „ist". Aus diesem Moment heraus zu schlüpfen und wieder ins „Leben" zurück zu kehren, gelang mir sofort nicht. Die Energie des geführten Dialogs war im Raum noch sehr deutlich zu spüren. Und wieder kam eine Flut an den Fragen, die aber auf eine magische Art auch wieder verschwanden. Eine Stille überwältigte mich und ich ergab mich vollständig diesem zeitlosen, schwebenden Zustand.

Zeitfracht Medien GmbH
Ferdinand-Jühlke-Straße 7
99095 Erfurt, Deutschland
produktsicherheit@kolibri360.de